はじめに……私はなぜ広島カープを愛するのか

この本は、私が長い間、本心から書きたかった本である。

私が中学に入ったときから40年以上、愛してやまない広島東洋カープについての著書だからだ。

もともと『巨人の星』をみて、左門豊作がいちばん好きになれるキャラクターであったことと、小学校を6回も転校し、大阪から東京に引っ越したときは、大阪弁を使うことで、読売ジャイアンツファン（東北出身の人が東京に出てきて家を建てる新興住宅地であった、その地域での人気はすごかった）にいじめられた。

関西に戻ると、東京の言葉を使う嫌みな奴として、阪神タイガースファンにいじめられたことで、野球を見始めたころは大洋ホエールズのファンになった。

左門豊作のイメージとは対照的に、そのチームの監督である別当薫は眼鏡のＣＭにも起用されるようなインテリ然とした監督だった。勉強しか取り柄のなかったいじめられっ子の私は、このインテリ監督にすっかり魅了されたのだが、その別当監督がカープの監督になるということで、平松政次投手や松原誠選手など好きな選手はいたが、左門ほどに愛着を感じなかったこともあって、カープファンに鞍替えした。

これが、当時は広島に行ったこともなく（子ども心に原爆を落とされたことに日本人としての憤りと同情は感じていたが）、広島に親類縁者もいない私がカープファンになったいきさつである。

しかし、別当さんが監督になってもカープは弱かった。ただ、この１９７３年は、本年（２０１５年）と似たような状況で、首位の巨人と最下位のカープのゲーム差は僅かに６・５ゲーム、山本浩二選手も衣笠祥雄選手も、そして外木場義郎投手や安仁屋宗八投手もいるし、今後が期待できる印象をもった。ビリから順に上がっていくというのも応援のしがいのあることのように感じられた。

ところが、その別当さんが勇退して、翌年は地方球団（と当時の私は思っていた）の中日ドラゴンズが優勝したのに、また大差のビリのチームに逆戻りしてしまった。３年連続の最下位である。ただ、私自身も灘中学に、５番で入学したのに、下から50番くらいまで成績が下がっていた時期なので、そういう弱いカープが愛おしかった。

翌年はジョールーツという外国人監督が就任して、帽子の色も赤に変わり、面白そうだと思ったのだが、審判とのいざこざに球団代表が説得にきたことに怒って、わずか15試合でやめてしまった。「やっぱり駄目」と思ったのに、古葉竹識さんが監督を引き継いで、なんと優勝してしまう。劣等生だった私は、そこで少し元気をもらうが、自分の状況はあまり変わらなかった。

その後、10年ほどは幸せな時期が続いた。江夏の21球のような感動的なドラマもあった。ただ、私がカープのファンになって、いまの自分に大きな影響を受けたと思うようになったのは、1993年のフリーエージェント制度とドラフトの逆指名制度の導入以降のことだ。

たまたま、カンザス州という田舎に留学していたこともあって、まだIT産業がそれほど盛んでなく、アメリカの経済は最悪な時代だった。

格差が大きく、貧しい人たちはかなり貧しい。また、子どもたちの上昇志向も乏しく、都会（ニューヨークやロサンゼルス）に出て苦労するくらいなら一生田舎暮らしでいいやという感じだった。

実際、田舎のショッピングモールでも、都会の郊外のモールでも、売っているものは全国ブランドの安価な商品なのだから、都会に出る価値はない。いっぽうで、カンザスらしい文化はほとんどなくなっていた。そして貧しい一般大衆は、安いものしか買わず（中国製などが多かった）、富裕層はヨーロッパのものを買うので、アメリカ製のものが売れず、余計に景気が悪くなっていく。

日本がそんな風になってはいけないと思っていたら、今の日本は、まさにその当時のアメリカにそっくりだ。

経済の世界では、日本が不良債権の処理を進め、終身雇用を廃するアメリカ型に舵を切るのは、97、8年ごろからだから、それより前の話なのに、プロ野球の世界では、アメリカ型を理想として選手の自由を認めるフリーエージェント制度や逆指名制度がいきなり採用された。

これでは、豊かなチーム、あるいは選手を引退してもタレントや野球評論家などになりやすいチーム（具体的にいえば巨人）ばかりが有利になると思っていたら、案の定、それ以降、セントラル・リーグでカープが優勝することがなくなった。

そして、この20年、東京と地方の格差、富める者と貧しき者の格差は広がる一方だし、たとえば現職の首相が1年ぶりに地元の選挙区に帰ったと報じられるように、地方のことをまったく知らない（代わりに東京のメディアに強い）二世の政治家たちが中央政界の実権を握り、広島や福岡がチャレンジしたにもかかわらず、一蹴されて東京でオリンピックが開かれることになり、地方の若者たちの上昇志向も薄れ、マイルド・ヤンキーと呼ばれるようになった。

さらに終身雇用制度、年功序列制度が崩れ、能力があるとされるものは高給優遇されるが、ないとみなされると石もて追われるような社会になった。人々の企業への忠誠心は薄れ、不祥事は次々と明らかにされるし、日本の製品は故障しないという神話も崩れつつある。多くの一般大衆は将来の不安からお金が使えず、アベノミクス以降、円安で輸出業者は潤っているものの、国内消費はまったく改善していない。

そういう社会を見るにつけ、カープの問題は、日本の抱える問題とよく似ているように思えるし、カープファンの心理は、地元ファンと地元以外のファンとでは、多少の違いがあるにせよ、日本の抱える問題に向き合う心理なのだろうし、黒田の復帰に沸《わ》く気持ちは、日本人の捨てきれない義理人情の世界への回帰や憧憬を表すもののように思えてしまうのだ。

いろいろな意味で、私の思いと心理学的な知見をこめた本ができたと思っている。賛同してくれる人がいればもちろん嬉しいし、ものの見方を変えるきっかけにしてもらっても嬉しい。

末筆になるが、本書のような奇書の編集の労をとっていただいた文芸社の佐々木春樹さん、ご助力いただいたフリーエディターの石井康夫さんと坂本輝雄さんに、この場を借りて深謝したい。

２０１５年9月

和田秀樹

目次

第2章 「職場としてのカープ」その人材の発掘と育成術

第3章 巨人中心主義が崩壊し、プロ野球が変わる！ 093

第5章 ファンが誇るべき広島カープ！ 今後の課題は何か

ブックデザイン　吉原敏文（デザイン軒）

第1章

黒田博樹は
なぜ広島カープを忘れなかったか

HIROSHIMA TOYO CARP

1

黒田博樹「金がすべて」への絶縁状

「さすがにそれだけはないだろう。誤報だろう」

２０１４年12月27日。カープファンにとって夢のようなニュースが飛び込んできた。まさに奇跡が起こったのだ。

メジャーリーグのニューヨーク・ヤンキースからフリーエージェント（ＦＡ）となった黒田博樹投手が日本球界への復帰を決断。古巣である我らがカープに戻ってくるというニュースが全国を駆け巡った。

常識的には考えられない選択だった。年を越せば40歳を迎えるとはいえ、２０１４年も、メジャーでまったく衰えなど感じさせない成績をマークしている。投球回数は１９９回。防御率は３・71で11勝をマーク。９敗こそしたものの敗戦投手となったゲームでのチームの総得点がわずかに13では仕方がない。田中将大投手、サバシア投手らが故障で離脱する中、ヤンキースの投手陣の中でローテーションを最後まで守ったのも、黒田投手ただ一人だった。

FAになったとはいえ、ヤンキースも再契約を望んでいた。また、複数の他球団からもオファーは届いていた。サンディエゴ・パドレスは1800万ドル（約21億6000万円）を提示し、アメリカでの古巣にあたるロサンゼルス・ドジャースも1600万ドル（約19億2000万円）プラス出来高払いを提示。本人が望みさえすれば、複数年契約すら可能だった。正真正銘、現役バリバリのメジャーリーガーである。そんな選手が金も現役メジャーリーガーの称号も捨てるのである。それどころか、家族もアメリカに残し、単身赴任で古巣に帰ってくるというのである。

「戻るときはカープ」

彼の言葉は覚えている。だが、それは「いま」ではないと思っていた。正直なところ、その他大勢のメジャー帰りの選手と同じように、向こうで通用しなくなったために、最後に1～2年だけ、奉公のつもりで帰ってくるのだろうと……。

私だけではない。おそらく、日本中の野球ファン、選手、OB、関係者すべてが、そう考えていただろう。

同じ仕事をして、同じ努力をするのであれば、報酬が少しでもいいほうを選ぶ。それは資本主義社会の基本だ。片や21億円、片や4億円ならば、答えははっきりしている。１００人いれば１００人が21億円を選ぶに違いない。選んだところで誰からも責められることはない。お金ばかりではない。移動の際のシートや、滞在先のホテルのレベルはもちろんのこと、シーズンオフの日本帰国の費用、家族の生活のフォローなど契約に付随する諸条件も至れり尽くせりになるはずである。

だが、黒田投手はカープを選んだのである。

私が思うに、黒田投手にとって、カープがメジャーに勝っていたもの、それは「誠意」だったのではないか。

黒田が決して捨てなかったもの

もちろん、メジャーに誠意がないといっているのではない。ただ、メジャーにとって、誠意＝報酬である。金額の多寡が評価の唯一のバロメーターなのである。

それはプロのアスリートであれば当然のことである。責めるにはあたらない。

しかし、誰もが「お金がすべて」で生きているわけではない。

「心」が生き方を決めることが間違いなくあるのだ。少なくともカープは、黒田投手に対して、球団の功労者として礼を失することはなかった。毎年、シーズンオフになれば、鈴木本部長が黒田と会う時間をとり、無理とは思いつつも用意できる最高の条件を携えて、オファーを出し続けてきた。自主トレの際には所有する施設を提供し、一度たりとも背番号「15」を他の選手に着せることはなかった。

巨人が松井秀喜選手の背番号「55」をドラフト1位で入団した大田泰示選手にいとも簡単に付けさせたことを考えれば、大きな違いである。松井選手に対して「帰ってこなくていい」と宣言したも同然だ。だが、黒田投手はカープの「心」に対して「意気」で応えたのである。

ファンも後押しをした。マツダスタジアムでの熱烈歓迎の横断幕もそうだ。

「自分には帰るところがある」

だからこそ黒田投手は、お金ではなく、ファン、球団関係者という「かけがえのない人間」を選んだのである。

一般社会においても、金銭を中心とした待遇面ばかりで自分の所属する会社や組織を判断する傾向が強くなっている。ヘッドハンティング、転職を一概に悪いとはいわないが、待遇面だけで会社を見限るような選択はいかがなものかと私は考える。

恩、義理といった言葉は古いかもしれない、だが、自分を育ててくれた組織や人間への感謝の念を忘れず、今度は役に立ちたい、貢献したいと考え、行動することは人間として上質な生き方だと私は思う。

黒田投手の選択はプロ野球界、そして世間にはびこる「お金がすべて」という風潮への絶縁状だったのだ。

2 自分の弱点を知る者こそ強い

「カープのユニフォームを着て投げた球が、最後の1球になったほうが悔いはないと思い、復帰を決断しました」

黒田投手の言葉だ。トコトン自分を追い詰めるタイプの選手だ。妥協や楽を選ばず、いつでも「いまがすべて」という生き方をしている。だから、なにがあっても後悔はしない、明日引退をしたとしても、納得できる生き方をしたいと考えているように見える。

最初にドジャースと契約したときにもその姿勢が垣間見える。当初、球団からのオファーは4年契約だった。それを自ら3年契約を申し入れ、期間を短縮させている。その後はドジャース時代もヤンキース時代もすべて単年契約。もちろん、今回のカープ復帰の際も、契約は単年である。

ある程度のベテランともなればできるだけ複数年契約を望み、1年でも長く収入が得られる環境を確保しようとするものだ。なにしろ、契約さえ残っていれば、契約期間中は働かなくても収入は保証されるのである。

選手の立場なら、単年よりも2年、2年よりも3年、4年と、契約は1年でも長いほうがありがたい。今年、アメリカから帰国して日本のチームと契約をした松坂大輔投手（福岡ソフトバンク・ホークス）や中島裕之選手（オリックス・バファローズ）も、やはり複数年契約である。

言葉は悪いが、メジャーでは通用せず、日本球界に戻ってきた選手である。だが、そういう選手であっても、日本での実績と、メジャー帰りの箔だけで高い給料を手にできてしまう。もちろん、複数年契約であろうと、それに見合った活躍をしてくれるのであれば、なんら問題はない。だが不思議なことに、メジャー帰りの選手は、判で押したかのように揃いも揃ってケガなどで周囲の期待を裏切る。「不良債権化」といえばあまりにひどいい方だろうか。

「複数年契約の選手が活躍するのは契約最後の年だけ」

そんないわれ方まである。

だからこそ、単年契約にこだわり続けてきた黒田投手の姿勢は独特だ。非常にタフな生き方である。自分へのたしかな自信がそのタフな生き方を選択させているようにも思える。

ところが最近、私はまったく違った見方をするようになった。精神科医としての私の見方である。

「黒田投手には、心にかなり弱い部分があり、自分自身がそれを知っている」

そう考えたのである。

かつて日本球界でＦＡ権を取得した際、国内移籍はあり得ないと宣言した。

「自分を育ててくれたカープを相手に、他球団のユニフォームを着て、市民球場で目一杯の球を投げる自信がなかった」

後に、ドジャース、ヤンキースという名門を渡り歩く投手とは、とても思えぬ言葉だ。

ドジャースへの入団の際も「楽しみはまったくなく、むしろ戦地に行くような怖さがある」と発言。とても4年は耐えられないと、3年契約を選択した。偽らざる気持ち、心の声なのだと思える。

成功の秘訣は臆病なほどの用意周到さ

自分の弱さを知っているからこその選択だと私は思う。あまりに恵まれた環境や、楽のできる条件下では自分に慢心が芽生えることを熟知しているのだ。そこに逃げてしまう自分、弱い自分を誰よりも知っている。だからこそ、あえて厳しい環境に身を置くことを選ぶ。常にギリギリのところで勝負をしているのではないだろうか。

メジャー移籍後、彼は自分の投球パターンをアメリカ向きにアジャストさせた。それまでの力でねじ伏せるような投球では、パワー型の外国人相手では通用しないことを察知したのである。ましてや、日本での中五日ではなく中四日のローテーションである。遠征の移動距離も日本とは比べものにならない。体力の消耗度も増す。

「日本流では通用しない」

そう判断したのだろう。

だからこそ、打者を早めに追い込み、習得したツーシームで討ち取っていくスタイルに変えていったのである。

「気持ちで負けないようにがんばりました」

高校野球などでよく選手が口にする言葉である。スポーツにおいて、積極性や闘争心などの心のあり方はたしかに重要だろう。しかし、それだけでは結果を残すことは不可能だ。成果を決めるのはやはり技術である。黒田投手は、冷静に自分の弱点を精査し、その弱点をカバーする技術を身に付け、確立させたのである。そしてメジャーリーグの野球に見事にアジャストした。

スポーツにかぎらず、ビジネスにおいても強い気持ちは役に立つことがあるかもしれない。しかし、その気持ちは冷静に対応できる確かな技術という裏付けがあってはじめて生きるものなのだ。また、ときには臆病なほどの用意周到さも求められるのである。

できるビジネスパーソンは、まず最悪の事態を想定して、そこから戦術を練る。何事であれ、結果を残す人間は豪放磊落《らいらく》に見えて、悲観主義の一面を持っている。そこから失敗しない対応策を見出すのだ。

「自分の弱さを知る人間がもっとも強い人間である」

メジャーリーグでも見事に結果を残した彼の投球術はまさに、それを証明しているといっていいだろう。

3 組織に欠かせない人間とは

カープのエースとなると、やはり前田健太投手である。黒田投手のほうが先輩であるし、キャリアもある。だがやはり、アメリカに渡り、日本を留守にしていた後、カープの投手陣を支えてきたのは、前田投手であろう。

黒田投手もそのことは十分理解している。だからこそ、２０１５年の開幕投手は前田投手が務めた。そのあたりはさすが、大人の感覚といえるのかもしれない。

もし黒田投手が「オレが、オレが」と前面に出てくるようなことがあれば、それはカープの投手陣にとって好ましい状況とはいえない。場合によっては、チーム内に派閥のようなものが生まれてしまい、要らぬ対立構造ができてしまうこともある。

組織にとって内輪もめは、その組織の能力をそぐ大きな要素である。

まず、その先導者はもちろんのこと、組織のメンバーの活動へのモチベーションに悪影響をもたらす。カープのように、他球団に比べて基礎となる戦力が著しく劣っているチームにとっては、内輪もめ、派閥争いなどは致命的といっていい。戦力面でのディスアドバンテージをチーム力でカバーしなければならない宿命なのである。それが伝統的な日本の野球の原点でもあった。

「日本で行われているのは、ベースボールではない」

かつて、メジャーでの華々しい実績をひっさげて鳴り物入りで日本球界にデビューした選手の言葉だ。わずか数試合プレーしただけでアメリカに帰国した。「野球」と「ベースボール」はやはり違うのだ。

メジャーリーグは、自己主張の塊のような選手たちが集まってチームを構成する。組織の一員という意識は日本に比べて希薄だ。日本球界とメジャーリーグ、野球とベースボールを同列に論じても仕方がないのだ。誤解を恐れずにいえば、別競技といっていいかもしれない。

日本の野球チームで働くことと、メジャーリーグのベースボールチームで働くことは、「社則」のまったく異なる会社で働くことほどの違いがあるといっていい。その両者を知る黒田投手は、カープ復帰を機に、日本野球の社則をもう一度胸に叩きこんだに違いない。

日本球界全体へのリスペクト、自分が不在であった期間、カープを支えた前田投手というリーダーへのリスペクトを忘れなかった。とはいえ、メジャーリーグで学んだことをチームにフィードバックすることも忘れてはいない。

「自分ができることはなんでもやる。そうやって誰かの役に立ちたい」

黒田投手はそうしたスタンスを明確にしているようだ。

報道によれば、大瀬良投手をはじめとする若手投手陣にツーシームを伝授したり、話を聞きに来る選手たちに、マウンドでの気構えやメンタル面の鍛え方などをアドバイスしているという。なにしろ、幾多の修羅場を潜り抜け、世界最高峰の舞台で活躍してきた現役バリバリの選手である。カープの選手にとっては、それを間近で観察でき、求めれば、快くアドバイスをしてくれるというのだから心強いかぎりである。

本当の存在感とは何か

反面、ライバルである他チームの選手とは、一定の距離を置く。馴れ合いと思われることを避けるため、シーズン中の接触は極力避けてもいる。他チームの選手と食事に行くようなこともなければ、普段はアドバイスをすることもない。

4月25日に行われた対阪神戦では、2球続けて内角に危険なボールを投げてきた藤浪晋太郎投手に激昂し一喝。

「自分がヘラヘラしていたらチームに悪影響を与える」

自分が身をもって示すことでまわりにも正しい闘争心を植え付ける。文字通り、チームの規範となっているのである。

「メジャー帰り」を鼻にかける素振りもない。日本野球、カープのいわば「社則」に改めて自分をアジャストさせてプレーしているといっていい。

大学などでもそうなのだが、一般の会社や組織において、「洋行帰り」をやたらとアピールしたがる人間がいる。自分がまるで別の次元の人間であるかのようである。海外でのさしたる研究成果、会社への貢献がない人間ほど、そうした傾向が強い。

黒田投手はあくまでも謙虚である。

野球だけではない。

2014年8月に広島を襲った土砂災害のときもそうだった。被災地に対し、すぐさま義捐金《ぎえん》を送った黒田投手はシーズンオフになると被災現場に入り、復興に向けて動いている人たちを励ました。

「本当にがんばっているのは皆さんたちですよ」

このひと言で、被災地の人たちは本当に救われた気持ちになったという。

復興作業に励んでいた被災者のコメントが印象的だった。

「本当の英雄というのは、そこにいるだけで、まわりに勇気をくれる」

それがすべてなのだろう。

前田投手は率先して動き、声をかけ、先陣を切って引っ張っていくことでチームを切り盛りする。もちろん、「できる先輩」として黒田投手も、ときにはアドバイスをするようなこともあるだろう。だが、もっとも大事な役割は「そこにいること」。

過去の実績にあぐらをかき、「昔の名前で出ています」を地で行くような人間は、野球チームであれ、一般の会社や組織であれ、無用の長物にしか過ぎない。

「そこにいること」「いまの自分の生き方を見せること」でまわりに好影響を与える人間こそが、チーム、会社、組織には必要なのである。

4 「縁」で結ばれる選手と球団

選手を取っ替え引っ替えする球団が大勢を占める中、カープは選手を「部品扱い」しない。そんな奇特な球団が一つくらい残っていてもいいと、私は思う。

縁あって入団してきた選手を、短期間で見かぎらない。育てる、面倒を見る、それがカープの特徴でもある。その姿勢は有力選手に対してだけではない。

カープの場合、『新人選手選択会議』、いわゆるドラフト会議において3位以下で指名された選手の育成に定評がある。

天谷宗一郎選手（2001年9巡目）、梵英心選手（2005年大学生・社会人3巡目）、會澤翼選手（2006年高校生3巡目）、中東直己選手（同大社5巡目）、丸佳浩選手（2007年高校生3巡目）、松山竜平選手（同大社4巡目）、中崎翔太投手（2010年6巡目）、田中広輔選手（2013年3巡目）。緒方孝市監督でさえ、1986年のドラフト3

巡目指名だ。

いま一軍で活躍している多くの選手が、3巡目以下の指名選手である。ドラフト上位で入団した選手が活躍するというのは当然でもある。逆に上位で獲得した選手が活躍しなければ、それはスカウト陣の問題だ。技量が問われるのは、下位で獲得した選手が戦力として育つかである。

他球団が選手育成をまったくやっていないとはいわない。だが、中長期的なビジョンを考えて選手育成をしているチームは少ない。カープは伝統的に選手を大事に育ててきたのである。

カープは「正しい保守球団」である

縁あって入団してきた選手に対しては、生え抜きも外様も関係なく大切にする土壌があるのも、カープの特徴だ。

石井琢朗コーチもそうだ。2008年に横浜ベイスターズを自由契約となった。だが現役続行を希望した。カープが獲得に名乗りをあげ移籍した。引退後も一軍の内野守備、走塁コーチとしてカープに残り、現在に至っている。それだけ居心地のいい球団なのだろう。なにかあれば、すぐに退団させるような球団では、絶対にありえないことだ。

とはいえ、人を大事にするあまり「困った事態」も生まれている。指導者としての約束手形を何枚も切ってしまい、何人もの監督候補を生んでしまった。コーチ、裏方人事でも、カープと縁のあった選手を優先する。そのため、外部からの招聘《しょうへい》がなかなかできない。

それもまたカープの宿命といえる。

そもそも、昔はどこのチームもそうだった。巨人にしても圧倒的な強さを誇っていた時代は、純血主義で成功していた。だが、時代の変化とともに巨人を含めた多くのチームは選手やファンへの情を排除した経営へと変わっていった。

それでもカープは変わらない。旧態依然である。12球団で唯一の「保守球団」かもしれない。それでいい。

「合縁奇縁《あいえんきえん》」という言葉がある。

人と気持ちが通じ合うのも、通じ合わないのも、不思議な縁によるものだということだが、カープはなによりも「縁」を大切にするチームだ。球団経営に人間の血が流れている。

スタメンのほとんどが、外様の選手ばかりのカープなど、私は見たくはない。

いい企業は人を大事にする。

終戦直後の混乱の中、多くの企業が人員削減などの組織変更を行う中、1千人の社員すべての首を守った出光興産の創業者・出光佐三《いでみつさぞう》をはじめ、偉大な経営者は縁やつながりを大事にしてきた。弱小企業ではあるが、カープにもそんなメンタリティは生きている。

5 「社員に優しい」カープの体質

「もしかすると日本式のやり方の正しさを証明してくれるのかもしれない」

黒田投手のカープ復帰の報に触れて喜びと同時に、私が感じたことである。

海を渡った多くのプレイヤーは、「最後のひと稼ぎに」と日本球界に復帰する。だが、その際、まだ十分にプレーできる力がある選手であればあるほど、かつて所属したチームではなく、他球団で復帰することがほとんどだった。

松井秀喜さんのように、国内復帰を固辞し、プレーできる力がありながらもユニフォームを脱いだ選手は例外的ともいえる。

古巣ではない他球団に身を寄せる理由はただ一つ。待遇である。古巣のチーム、ファンへの思いは二の次、三の次といった感じがする。その部分だけは、メジャー流になってしまうのだろうか。古巣への愛着とか、義理立てといった日本的な感情を押し売りするつもりはないが、ファンの立場になってみるといささか淋しい気持ちになるはずだ。

「メジャー帰りの○○選手、▲年×億で□□へ」

そんな記事を目にすると、ちょっと意地悪な見方をしてしまうことがある。「本当に活躍できるのだろうか」とか、「メジャー帰りといっても、アメリカでは通用しなかった」とも感じてしまう。そんな選手を獲得する球団の姿勢には、戦後間もない頃の「舶来品信仰」の名残のようなものも感じてしまう。

たしかに、プロである以上は、お金は商品である自分を評価する大きなバロメーターである。それを利用して「金に飽かして」球団経営をしてきたのが巨人だった。圧倒的な資金力で、次から次へと選手を集めていた。選手の立場から考えれば、年俸も格段にいいから大歓迎だ。テレビなどへの露出も多いのは魅力だ。引退後は評論家、あるいはタレントとしてメディアで活躍する機会も多くなる。

そんな思いから移籍した選手も少なくない。

そんなマネーゲームになってしまうと、もっとも厳しい立場に立たされるのは、親会社を持たない独立採算制の経営をしている球団である。その代表格がカープである。

いまでこそマツダスタジアムは連日満員、グッズも飛ぶように売れ、球団経営も安定してきてはいるが、変貌を遂げたのはつい最近のことだ。ひと昔前の広島市民球場時代は、たとえ巨人戦であっても内野席には空席が目立つことも多かった。存続の危機が取り沙汰されるほど経営的にはぎりぎりだった。なんとか年間の収支を黒字にするために経費を削減することが至上命令になっていた。

「広島と東京では物価が違う」

契約更改の席では、これが球団側の枕詞《まくらことば》。

選手の年俸を抑えることで、なんとか黒字を維持していた。そんなチームなのだから、コストのかかるFAで有力選手を獲ることはできない。有力新人選手の獲得もままならない。後に栄養費問題として世間を騒がせたドラフトでの囲い込みなどで、余計なお金を使うことなどできるわけがなかった。

そんな台所事情である。FA宣言した選手をつなぎ止める資金も乏しい。球団の「去る者は追わず」というスタンスもいたしかたなかったのかもしれない。

これまで江藤智選手、川口和久選手、金本知憲選手、新井貴浩選手といった有力選手たちがFA宣言したときも事情は変わらなかった。そんな状態では、他球団の格好の草刈り場にならないほうがおかしいというものである。

「選手総中流化」のカープ経営

そんなカープができたことといえば、引退後の身分保証くらいであった。引退後の監督あるいはコーチ就任への約束手形だ。あるいは、芽が出なかった選手に対しては、球団職員やスカウトとしての再雇用だ。ある程度の知名度がある選手には、解説者としてテレビ局へ斡旋……。札束攻勢以外でのつなぎ止め作戦くらいしかない。

どんな一流選手でもプロ野球選手として稼げる期間は短い。引退後の生活を考えないわけにはいかない。待遇面で劣っているカープは、選手にとっては決して恵まれた職場とはいえないのだ。

だが、そういうハンデを克服するために、カープは独特の方法で球団経営を手がけてきた。多くの日本の球団が真似る「金がすべて」のメジャー流とは対極のやり方である。飛び抜けて高い年俸は払えないが、たとえ活躍できなかった選手でも、ダウンは極力抑える。5万円、10万円刻みで契約更改をしつつも、選手の雇用を守ることを第一に心がけてきた。

ドラフト戦略も終始一貫していた。

超有名選手獲得のためのマネー合戦には加わらない。社会人、大学生、高校生を問わず、無名でも素質のある選手を発掘して指名する戦術中心。そんな選手を鍛えて育てる。即戦力の大学、社会人出身の選手よりも安い契約ができることももちろんだが、そればかりではない。もし芽が出ない場合、3年をめどに戦力外通告をしてあげれば、第二の人生でやり直せるという考えもあるからだ。

そういう独特のやり方で、選手を獲得し育ててきたのがカープという球団だった。実際、先代の松田耕平オーナーは、他の球団には見られないほど選手に優しい経営を心がけていたと思う。だからこそ、市民球団でありえたのである。

いわば、日本の高度経済成長期を支えた「国民総中流化」的なビジョンに立って球団経営をしてきたといえなくもない。

そんな球団で育てられた黒田投手だからこそ、「お金がすべて」ではなく「自分の骨を埋める場所」として、カープへの復帰を選択したのではないだろうか。

6 「本当に自分がいるべき場所」を見つけること

「本当だろうか」

「快く迎え入れるべきか」

2014年秋、新井貴浩選手のカープ復帰がメディアで報じられたとき、私はそう思った。多くのカープファンもそう感じたに違いない。

契約更改の場で、タイガースから規定額以上の減俸を提示され、自由契約を選んだ。その新井選手が古巣であるカープに復帰するという。これまで多くの選手がFAでカープから他球団に移籍していった。そんな中、多くのファンに後味の悪さを残してカープを去ったのが新井選手だったと思う。

かつてのカープ時代には「誰よりもカープが好きだ」と明言した選手である。ある会見では涙を流しながら、そう語っていた。ところが、手の平を返すようにあっさりと移籍してしまった。ファンにはしこりのようなものが残った。一度はカープのユニフォームを着て活躍した選手に、カープファンは比較的優しい。だが、新井選手の場合、広島でのゲームがあるたびに罵声やブーイングが浴びせられた。

それだけに、昨年、タイガースを自由契約になったときにも、ファンの誰もがカープ復帰だけはないと思っていた。選手構成からいっても、レギュラー定着は難しい。彼の守るサードには、梵英心選手、木村昇吾選手、堂林翔太選手がいる。一塁はエルドレッド選手やグスマン選手もおり、全盛期をすぎた新井選手がそこに割って入る可能性は客観的に見ても低かった。

「もう一度競争をしたい」

とはいっても、かなり厳しいと誰もが思っていた。

そんな新井選手が今年は、チームを牽引する存在になっているのだから面白い。

若手の不振に加えて、ケガによる外国人選手のリタイアと、入団後のチーム事情が、ある意味で新井選手にとっては好転したともいえる。数字も残した。リーグ8位の打率と7位の打点。とりわけ、打率と得点圏打率はチームトップ（8月16日現在）だ。ファンの予想をいい意味で大きく裏切ったともいえる。

一度はカープと袂《たもと》を分かつことになった選手だが、カープ生え抜きの選手が活躍してくれるのはファンにとっては格別に嬉しいものだ。

人生を旅にたとえるならば、いささかポエティックな表現をするが、「戻って来たくなる場所がある」というのは幸福なことだ。その場所で迎え入れるファンにとっても同様だ。そんなカンファタブルな場所があれば、人は何度でも輝けるということを新井選手は教えてくれたような気もする。

人間にとって不幸なのは、自分の居場所がないことである。そして、誰からも期待されないこと。もっとも辛いのは他者からの無関心である。

２０１４年秋、タイガースは新井選手に無関心になったのである。

たしかに、三顧の礼をもって迎えはしてくれた。在籍中の7年間は、それなりの年俸を保証してくれた。兄貴と慕う金本選手もいたし、実弟も在籍しているチーム。恵まれた環境だった。

だが、ゴメス選手が加入し、先発要員から代打要員に回されると待遇は一変。複数年契約が終わるや、大幅な減俸を提示され、そのうえポジション争いすらやらせてもらえずに出場機会は激減した。

タイガースは新井選手に対して、巨人と同様の遇し方をしたといってもいい。タイガースにとって新井選手はしょせんコマの一つだったのだ。新井選手はこのまま甲子園に骨を埋める気持ちにはなれなかったのだ。

「所属している場所」のアドバンテージを知る

そんな新井選手の動向を気にかけ、真っ先に獲得に名乗りをあげたのが古巣のカープだった。ドラフト6位でカープに入団。二軍で「これでもか」と鍛えられて成長した選手である。松田耕平前オーナーが常に目をかけていたこともあり、新井選手自身、誰よりも恩義を感じていたことは間違いない。カープからの誘いの際に、新井選手もようやく自分の本当の居場所がわかったのだろう。

「死に場所といったらおかしいですけれど、腹をくくっていますし、復帰したときのファンの人たちの声がなにより嬉しかった。今度は自分が、皆さんを喜ばせたい」

入団記者会見での言葉である。目標も生まれた。自分が求められているもの、やるべきこともわかる。本当の居場所がわかったことで、「プロ野球選手新井貴浩」をふたたび活性化させたといえば、美談にすぎるだろうか。

プロ野球以外のそれぞれの仕事のシーンでも同じことだ。

自分のスキルが向上し、多くの実績をあげたと感じたとき、勢いに乗じて転職や独立が視野に入ってくるかもしれない。だが、そんなときというのは、不思議なもので「自分が所属している場所」のアドバンテージ、たとえば職場環境の快適さ、恵まれた人間関係といった要素は自分の視野から消えていることが多いものだ。

ある統計によると、脱サラしたサラリーマンの成功率は10％に満たないという。一時的に成功を収めることはあっても、最終的につまずいてしまう人が多いようだ。

本当に自分がいるべき場所を見失わないことだ。

7 「徳」を示した黒田投手と「徳」のない政治家

２０１５年8月の段階では、カープの戦績は残念ながら低迷状態のままだ。だが、黒田投手が復帰したこの年を契機に飛躍がはじまるはずだ。

まず、ともに闘う黒田投手という「規範」を得て、選手の意識が変わる。選手ばかりではない。カープ女子はもちろん、本拠地広島以外でもファンは増えていくと私は確信している。理由は明確だ。

「黒田投手は身をもって人間の『徳』を示した」からである。「恩義に応えたい」。そんな「男気」という「徳」である。

野球ファンに対して、カープ選手に対して、そして自分を育ててくれた球団への徳である。今後、黒田投手を目指して、カープ入団を希望するアマチュア選手が増えてくるはずだ。

「徳」といえば、唐突と思われそうだが、あえて主張したいことがある。

現在の日本の政界、財界にはその「徳」を持った人物が少ない、と。道徳というのは「人の道」と「徳とは何か」を教える教育のはずである。自分たちはまったく徳を示さず、国民や社員に自分勝手な『道もどき』を押しつける人間ばかりである。

「天は直接にして人を造らず、人をして人を造らしむ。教育者は、天に代わりて人を造るものである」

江戸時代末期の安政に生まれ、明治、大正、昭和を生きた思想家・浮田和民《うきたかずたみ》は教育について、こう唱えた。しかし、残念なことに現代の日本には、どんな領域であれ、天に代わって人を造っている人は少ない。

「法に触れなきゃ」のあさましさ

それどころか、政界に目を転ずれば、天に顔向けできないような人間が教育行政のトップにいる。博友会という団体から、講演料や寄付を受けていた文部科学大臣がそれだ。

一部メディアから政治資金規正法違反を指摘されて、「法に触れないこと。違法なら議員を辞めます」と開き直るご時世である。あさましい人間とはこういう人間をいう。法律に触れなければなにをしてもよいなら道徳教育はいらない。このような人物が、道徳の教科化にもっとも意欲的で、道徳教育を推し進める役所のトップにいるのである。自分から率先して、徳を示さなければならない人間がである。

「法には触れないが、やったことには責任を持ちたい」

そういって、潔く辞任でもすればまだよかった。そんな人物だから、新国立競技場建設に向けた東京都との費用負担問題でも、まったく信頼されない。都議会からも都知事からも総スカンである。そんな人間が道徳の授業云々とは笑止千万である。道徳の教科書を作る資格などあるのか。

できるなら、私に道徳教育の教科書を作らせてほしい。私には妙案がある。

最初のページに政治家や財界人の資産額を記載する。そして、お金に関する不祥事、あるいは寄付の実績などを一覧表で掲載する。ちなみに道徳教育などとうるさいことをいわないアメリカの年間の総寄付額は日本の税収に匹敵する約45兆円（約3600億ドル）という。

「徳のない人というのは、こういう人のことをいうのです」

生きた教材になることができれば、彼らも本望だろう。

政治の世界でいえば、すべてとはいわないが、民主党をはじめとした野党の面々も情けない。ほとんどの議員が政治と金の問題になると同じ「脛《すね》に傷を持つ身」になってしまう。だから、なにもいわない。マスコミの追及も手ぬるい。

選ばれる側の基準もいいかげんだ。文部科学省は財務省などと比べると、小さなポストということなのだろうか。

情けない話である。選ばれる側も、そして選ぶ側も、である。

私は、文部科学大臣こそ、あらゆる面でもっとも優秀な人間を起用しなければならないと思っている。間違いなく、国の将来の行方を左右するもっとも重要なポストなのだ。

だが、多くの政治家にその自覚はないようだ。教育委員会や教員組合を相手にした面倒な仕事くらいの認識なのかもしれない。そもそも、本当に教育の重要性を認識していれば、2001年の省庁再編の際、文部省と科学技術庁の統合などありえなかっただろう。

黒田投手が示した「徳」から、話は逸れてしまったが、政治のシーンばかりか、日本のあらゆるシーンで、その人が徳を示すことにより「天に代わりて人を造る」人の登場が求められている。

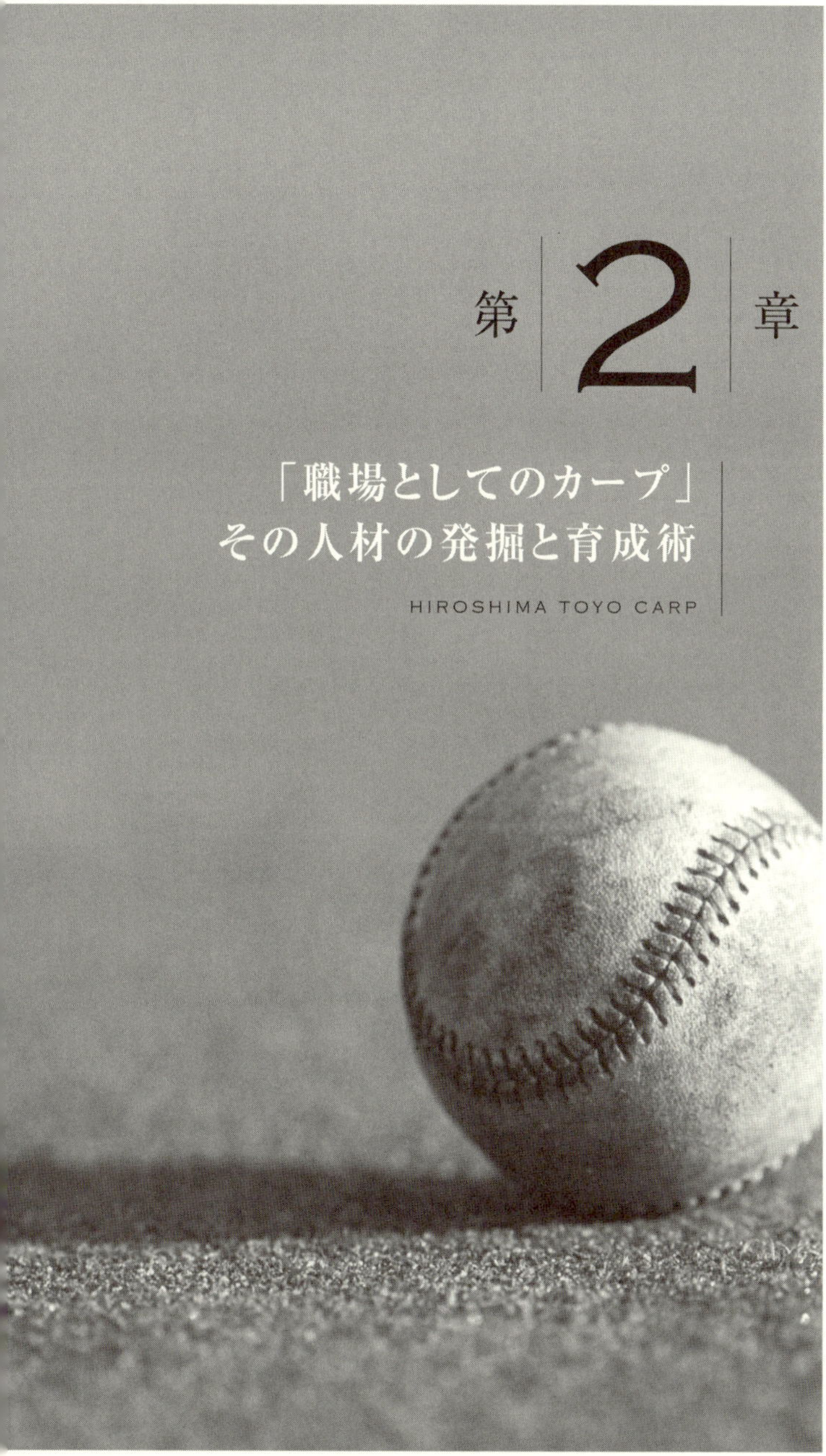

第2章

「職場としてのカープ」その人材の発掘と育成術

HIROSHIMA TOYO CARP

1

選手を「使い捨て」にはしない

自由競争の名のもとに金に飽かした経営が跋扈《ばっこ》するプロ野球界にあって、カープはやはり異色の存在といえる。

マツダが筆頭株主ではあるが、厳密な意味では、親会社を持たない独立採算性で運営されている唯一の球団である。そのため、資金力を武器にしたマネーゲームでは圧倒的に分が悪い。だから戦力維持のために、所属選手に提示できるのは誠意と将来を保証する手形のみ。その様は、金に糸目をつけない企業に対し、働きやすさや人間関係、信頼関係を訴える家族型経営の企業といったイメージである。

現代においては、こうした経営は前世紀の遺物のように語られる。しかし、私はいまでも、家族型経営の企業のほうがすぐれている面が多く、日本人のメンタリティに合っていると考える。

こうした経営を支えたのは、日本全国総中流化という考えがあったからである。欧米の企業のトップのように飛び抜けて高収入の経営者が少ない代わりに、貧乏で生活ができないという一般大衆も少ない。年功序列の終身雇用制度によって、会社に籍を置くかぎり、定年までの生活は保証される。それどころか子どもの教育や自分の医療費などお金のかかる中高年時の収入が多くなるようにセットされている。

この効果は大きい。

昨今、一部の人たちの間では、終身雇用と年功序列が会社経営の足を引っ張る要因のようにいわれはじめた。あたかも、そうした制度が不良債権のような見方をされはじめている。だが、私はこうした日本独自の制度が定着していたからこそ、日本の戦後は飛躍的な発展を遂げたと考えている。生活が保証されるためには会社が存続し続けなければならない。ならば社員はどうするか？

ほとんどの社員は、会社を守るために懸命に働くのである。とくに日本人にはこうしたモラルが定着しているし、実際会社が潰れてしまっては終身雇用も年功序列も保証されなくなるからである。

「モーレツ社員」の言葉通り、休日出勤、時間外労働と馬車馬のように働いたのである。

日本のサラリーマンは、そうやって会社を繁栄させてきたのである。会社がある、失業する心配がない、福利厚生がしっかりしている、そうした安心があるからこそ、仕事人間になることができたのである。会社と社員の信頼関係が確立していたのである。社員にとって信じられる会社に籍を置くことで、労働へのモチベーションは自然に高まる。それが会社の業績を右肩上がりにする大きな原動力になっていたのである。

いまは影を潜めつつある会社と社員のこうした信頼関係が、カープの球団経営の中にはいまだ生きている。

一つは、入団した選手を大切にする土壌があるということ。

財政状況を考えれば、払いたくとも、選手に他球団を凌駕するようなお金は払えない。それでもカープでやってくれるという選手、ＦＡ移籍せずに残ってくれた選手には、引退後も監督、コーチの手形を用意してきた。

また、それほど活躍できなかった選手の再雇用でも、他球団よりも手厚い。球団の裏方として仕事を用意してきた。実際、チームスタッフも大半は元カープの選手だし、スカウト陣は苑田聡彦統括部長を筆頭に、アメリカ担当のエリック・シュールストロム、スコット・マクレーン両氏に至るまで、すべてがカープのＯＢである。

外国人OB選手までが「仁義」を通す球団

とくにシュールストロム氏は、選手契約終了後、自ら志願してカープのアメリカ担当スカウトに就任している。彼のスカウトとしての見る目、手腕は確かで次々と優良外国人選手を発掘してきた。

有名な話がある。

外国人選手の発掘に関しては失敗続きだった巨人が彼のスカウトとしての手腕に着目し引き抜きに動いたことがある。だが、シュールストロム氏はあっさりと断った。カープ以上の厚遇で迎え入れようとしたことは想像にかたくない。

彼は自分が世話になったカープに仁義を通したのである。彼に「男気」という意識があったかどうかは定かではないが、カープファンとしては感動ものだ。アメリカ人でも企業風土によって変わるということかもしれない。

黒田投手もまた「男気」の人だが、そういう選手がカープには多い。

緒方監督を筆頭に、大野豊さん、前田智徳さん、野村謙二郎さん。なんだかんだいいながらも、新井貴浩選手もカープに復帰した。ＦＡ移籍するときにはファンからの非難の声も聞かれたが、彼もまた、タイガースから提示された条件を蹴り、より低い年俸でカープに帰ってきたのである。

彼らをはじめカープに仁義を通した選手たちにも、それぞれ理由があったのかもしれない。故障が原因であったり、ＦＡが導入されたときには高齢だったりで、行使する機会がなかっただけという選手もいただろう。

だがカープ一筋を選んだのには、カープへの特別の思いがあったからだろう。会社員でいえば、愛社精神が彼らを突き動かしたということなのだろう。

これほどまでに所属した選手に愛される球団があるだろうか。ファンはそんな選手と球団を応援してきたのである。

選手が球団を愛することができるチームだからこそ、ファンもまた、カープというチームを愛し応援している。一部のトレード選手や外国人選手を除いて、いずれも入団当初から知っている、生え抜きの選手ばかりである。その選手が練習に明け暮れ、失敗をしながらも結果を出していき、やがてレギュラーの座をつかんで活躍する。カープのファンは、それをすべて見てきているのである。

カープファンは「カープというマーク」を愛するのではなく「カープの選手」「その選手が育って活躍するカープ」という実態を愛するのである。


「勝てば誰でもいい」

「いい選手ならどこからでも獲ってくればいい」

「全員がよその球団出身や外国人でも、そのマークのチームが勝てばいい」

そんなファン気質とは対極にあるのである。

2 社員を大切にしない経営とカープ

カープの球団経営の手法は極めて日本的といえる。

現在の日本の大手企業の経営者を見ていると、欧米流の経営手法への急速な傾斜を感じてしまう。

政治もまた、別の意味でアメリカ追随である。ＴＰＰ、安保法制、あるいは原発政策などの方向性を見ていると、日本はアメリカの植民地なのではないかとさえ感じてしまうことがある。

政治のことはほかの機会に譲るが、企業のあり方が大きく変わってきている。

「終身雇用の撤廃」

「待遇面では年功序列ではなく、成果主義を導入する」

「いい人材を外部から引き抜いてきて組織を活性化させる」

これが経営者側のスタンスになりつつある。会社が能力を認めた者、短期的な会社の利益に貢献する者だけを重用する。そうでない者は冷遇し、場合によっては切り捨てていいという考え方である。こうした考え方が支配的になるのと同時に、古くからある日本式の会社経営の手法が否定されつつある。

そうなると被雇用者も「待遇の良い所があればさっさと移る」となるのは当然だ。腰を据えて会社や組織に貢献したいという意欲、愛着もどんどん薄れていく。

そして、偏った自由競争主義の導入によって得られるものは、格差である。できる者はより多くの報酬を得る。待遇が悪いとなれば、すぐに別の会社へと移っていく。仮に仕事を一生懸命にやるとしても、彼らが目指しているのは最終的には、会社の業績アップではなく、自分だけが潤えばいいという利己主義である。だから社員としての倫理も常識もない。それが自分の利益になるなら、企業秘密でさえライバル企業に渡してしまう。アメリカの場合、この手のことをした際の刑事罰も損害賠償も大きいが、日本はまだ軽い。

日本の高度経済成長期を支えた会社と社員の信頼関係などが消滅しつつある。会社は社員を守らず、社員も会社を信頼していない。

怒り心頭に発するのは、会社への信頼、愛着をモチベーションにして真面目に働いてきた生え抜きの社員たちである。外様にポストを奪われ、給料も手当も減らされる。がんばったところで成果が正当に評価されない。とくに若い頃は薄給でがんばってきたのにである。挙句、業績が下がればリストラの対象である。

プロ野球の世界は、さらに厳しい。

ＦＡ制の導入によって、選手の移籍の自由は確保された。職業選択の自由という大義で、日本プロ野球選手会も制度の導入を支持した。

「嫌ならリーグ脱退だ」「賛成するチームだけで新しいリーグを作ればいい」

制度導入賛成派は強硬姿勢に出た。導入されればもっとも恩恵を受ける巨人がその急先鋒だ。資金力にものをいわせて有力選手を獲得できる。観客動員が見込める巨人戦が大きな収入源であるセントラル・リーグのチームは逆らえない。チケット収入、テレビ放映権料の問題だ。セントラル・リーグ代表を中心とした勢力の賛成多数でＦＡ制は採用された。

ＦＡ制も結局は自由競争主義の産物である。有力選手流出の可能性が高まるわけだから、資金力で劣る球団にとっては、決して好ましい制度ではない。だが、巨人を敵に回すわけにはいかない。

自民党の政策の方向性には本当のところ反対だが、政権与党の立場は失いたくない連立与党のようなものといったら、いいすぎだろうか。

自民党が腕力で進めようとしている政治には危機感を抱いてはいるものの、反対して連立を離脱したくはない。せっかく手に入れた大臣のポストを失うわけにはいかないという小政党の心理と似ていなくもない。無批判のまま追随していると、気がついたときにはとんでもない政治の片棒を担ぐことになりかねない。

「相互信頼」が崩れていく社会

話をFA制に戻そう。

もちろん、プロ野球の世界は実力の世界。選手も会社員ではない。安定的な雇用が保証されない個人事業主として球団と契約する身だ。選手がFAの権利を行使すること自体を責めるわけにはいかない。だが、導入の結果、一部の有力選手、そして資金力のある球団だけがその恩恵に浴する状況を生み出している。

選手の立場で考えれば、移籍の自由が認められるのは、規定年数活躍し、実績を残すことができた選手だけである。それ以外の選手は、移籍してきた選手にポジションを奪われ、活躍の場も失う。さらには、ＦＡ宣言選手獲得のための人的補償選手として、自身が放出されることもある。

要は球団も選手も、富める者がより富むという構造である。それ以外の球団、選手は蚊帳の外といっても過言ではない。富める球団は「必要ならばＦＡ選手を獲ればいい」となり、生え抜きの選手を育成しようというスタンスではなくなる。有力選手を獲られる球団は「どうせ時間をかけて育てても、ＦＡで持って行かれれば苦労も報われない」となりかねない。

ＦＡ導入後、多くの球団のドラフト戦略が変貌を遂げた。未完成だが才能のある高校生を指名することが少なくなった。時間をかけて選手を育てるよりも、ＦＡ選手、あるいは即戦力の大学生、社会人選手を獲得する方法を選ぶ。そのほうが、効率的に戦力アップを図れるからだ。前提になるのが、球団の資金力である。一方じっくり時間をかけて選手を育てることは割に合わない。

「金も実力のうち」といってしまえばお終いだが、これでは健全なプロ野球とはいえない。しかも、選手の移籍が自由であるから、本当に日本人が見たいような超一流の選手がもっとお金のあるアメリカに持って行かれる（これは将来の日本の技術者の姿のように思えて

ならないのだが)。

その意味では、選手と球団の信頼関係、選手の側の球団に対する愛着を大切にするカープの存在は貴重といえる。これは会社と社員の関係においても同様だ。

社員を愛し、社員の生活を守る会社、その会社の期待に応える社員。そういう関係があってこそ会社は成長するはずだろう。「実力主義」「自由」の名のもとに、こうした「相互信頼」の関係が崩れていく会社であっていいのだろうか。

3 「適した環境に身を置く」ことで能力を引き出す

会社員でも、会社、部署など環境が変わることで、能力を開花させる人がいる。そんな人は決して少なくない。

巨人からカープに移籍した一岡竜司投手も、そのひとりである。

2013年のシーズンオフ、カープの大竹寛投手は、FAの権利を行使し、巨人へと移籍した。カープでも先発ローテーションを担う投手で、カープ在籍最後のシーズンでも10勝をマーク。カープにとっては勝ち星が計算できる貴重な存在だった。

FAで移籍した選手は、各球団の年俸によって、AからCまで3段階のランク分けがされている。このうち、AとBのランクの選手が移籍する際には、移籍させる球団は金銭だけでなく、人的補償を得る。移籍先の球団の選手をひとり指名し、移籍させることができるという制度があるのだ。

ただし、指名選手は、相手球団が指名したプロテクト選手以外から選ぶ。プロテクト選手とは、その球団が移籍させたくない選手ということだ。

一岡投手はそのプロテクト選手からは除外されていた。

彼は巨人でも素質を買われ、成長を期待されていた選手だ。だが、即戦力扱いはされていなかった。実際、巨人での実績は、在籍2年で勝敗、セーブともにゼロ。とはいえ、二軍ではイースタン・リーグの月間MVPを獲得し、何度か一軍のマウンドも経験していた。知る人ぞ知る存在ではあったが、ほとんど無名に近い選手だった。

カープの凄いところは、スカウトが一岡投手をシーズン中から調査していたことだ。

「トレードでは絶対に獲れない選手」

巨人がプロテクト選手リストに一岡投手を入れるはずだとカープのスカウト陣は予想していた。だが、巨人から届いたプロテクト選手リストに彼の名前はなかった。カープ首脳陣は一岡投手の獲得を即断したという。

「こんないい選手が獲れるなんて」

松田オーナーも絶賛した。さすがは12球団のオーナーの中で、もっとも野球を観ているといわれる人物。その目は確かだ。

以前から二軍でのマウンドで投げる一岡投手を見ていたからこそできた判断は、見事というしかない。

オーナーの一声でカープに移籍した一岡投手はすぐに頭角を現した。

キャンプでは一軍メンバーに抜擢されると、ブルペンやフリー打撃練習での登板で首脳陣の注目を集めた。

その後、紅白戦、オープン戦でも結果を残した一岡投手は、開幕を一軍で迎えることになる。そこからの活躍はカープファンなら誰もが知るところだ。結局、２０１４年のシーズンは31試合に登板し、２勝2セーブ。防御率０・58という好成績を収め、オールスターゲームにも出場した。

元々、素質を買われていた投手ではあったが、やはり一岡投手が能力を開花させたのは、カープの環境が合っていたからこそといえる。巨人では選手の層が厚く、多少の活躍では一軍に呼ばれることはない。運よく一軍に呼ばれたとしても、チャンスは少ない。失敗すればすぐに二軍に戻されてしまう。

そのまま巨人に在籍していたら、いまも二軍生活に甘んじていたことだろう。

さらに、人間関係も活躍の大きな要因になった。

一岡投手はどちらかといえばおとなしい性格。巨人は、メディアに頻繁に登場する選手が多い。同じユニフォームを着ていても、一岡投手にとっては巨人の一軍の選手は雲の上の存在。気安く会話を交わすようなことはなかったようだ。

一岡投手の実力開花の理由とは

だが、カープは違った。

移籍してすぐ、石原選手や永川投手などベテラン勢が積極的に声をかけてくれた。また、一時、顔が似ていると話題になった今村投手や大瀬良投手など、年齢的に近い選手たちとも早い段階で打ち解けることができた。結果、一岡投手はチームに馴染んでいった。それが、あの好成績へとつながった。

環境の違いは本当に大きい。同じことをやるにしても、自分に適した環境下でやるのと、そうではないところとでは、まったく違った結果を生むものだ。

私が指導する受験勉強法の通信教育においても同様のことがいえる。私のもとで受験指導を受けている子どもには、志望校のタイプに合わせて、まったく異なるカリキュラムを課している。

子どもによっては、大規模な塾や予備校で勉強させ、周囲と競争させる。そうした環境下で学習意欲を高め、飛躍的に伸びるタイプもいる。

逆に、そうした環境にアジャストできない子どももいる。どんなに有名な進学塾であっても、子どもの特性に合っていなければ、指導の効果は現れない。個別の授業を受けさせたり、小さな塾に通わせたりするほうが、はるかに身に付く場合もあるのだ。

中には、どうしても、自分に適した勉強法がわからない子どももいる。ただ続けているという人だ。「1日校」（中学受験の受験日が1日の学校。主に多くの生徒が第一志望にする難関校）に合格した子どもが多い塾にさえ通っていれば、それが正しいものと決めつけてしまうようなパターンだ。

それでうまくいくケースもあるが、やはり自分に合った方法で勉強をしていない子どもは、失敗も多い。

そういう場合、自分に合った環境、自分に適したプログラムを探すことが必要だ。説明会を聞きに行く、体験教室に参加するなど積極的に、自分に合った受験戦略を見つけることが大事である。

プロ野球選手の場合は、ＦＡで権利を取得しないかぎり、自由に移籍することはできない。一岡投手の場合は、カープ首脳陣が調査をしていたため、新しい環境を得た。一岡投手は運に恵まれたともいえるが、その素質を見抜いていたカープのスカウト陣の眼力による要因が大きい。

仕事においても、受験勉強においても、環境を変えることがその人の潜在能力を引き出すきっかけになることがある。

それができるのは、まずは上司であり、親、あるいは指導者なのである。

4 「古いから間違い」「新しいから正しい」のか？

カープは、市民球団として誕生して以来、球団経営におけるさまざまな基本的原則についてはブレていない数少ない球団だと思う。ある意味で「旧態依然」の球団といえるかもしれない。

しかし、私はそれでいいと思っている。だからこそ、ファンを続けているともいえる。日本は国家として長い歴史を持つ。神武天皇時代からの天皇家の歴史で考えれば、紀元前６６０年から続いており、すでに２６００年を超えるとされる。台頭してきた新しい実力者が権力を握れば、それまでの文化、遺産を破壊しつくしてきた国とは日本は趣を異にする。アメリカなどは建国から数えて、まだ２００年ちょっとの国だ。

だからこそ日本人は本来、歴史をきちんと学び、受け継いだ文化の理解に努めなければならないと思う。ところが現実はまったく違う。

まず、歴史を尊重する土壌がない。教育制度の中でも歴史教育は軽んじられているし、多くの国民も正しい歴史を学ばなければならないという意識が希薄だ。政権を担う人たちの多くも、自らの主張を正当化するための歴史認識と恣意的解釈しか持ち合わせていないし、明治以降の日本を模範とし、それ以前の歴史（この頃は国歌も国旗もなかった）には見向きもしない。ついでにいうと、着物を着る政治家もほとんど見かけなくなった。

企業経営者の中にも、自社の歴史を学び、正しい理解に基づいた経営ができなくなっている人も多い。

企業は業績が低迷したり、経営陣の若返りを敢行したりすると、間違った方向へ舵を切ってしまうことがある。これまで時間をかけて蓄積してきた独自性、他社を凌駕する企業価値などを、さしたる検証もしないまま捨て去ろうとする傾向がある。低迷の原因をただ「古さ」と決めつけ、刷新と称して新しいものへと変えてしまうのである。

新しいものへの転換すべてが悪いといっているのではない。だが、ただ新しいというだけで、それになびく無定見の「歴史の軽視」は、間違いなく企業の衰退に拍車をかけることになる。その代表的な例が旧松下電器産業である。

旧松下電器産業は２００８年に同社のブランドであるナショナルを廃止し、パナソニックと統合するという戦略に打って出た。海外戦略として、エアコンをはじめ、格安の製品をパナソニックのブランドで売り出したのである。それまでは、二つのブランドの棲み分けができていた。「ナショナル」ブランドで、比較的安価な家電製品を販売し、一般消費者の需要に応えてきた。「ナショナル」は中国をはじめ、東南アジア、中近東などの国々で抜群のネームバリューを誇った。

もともと「パナソニック」ブランドはテレビ、オーディオなどの音響製品を中心に、先進諸国、中国をはじめとした急激な経済成長を遂げるエリアで確固たる地位を築いた。高級品・高品質品志向の消費者にとっては、「パナソニック」は信頼のブランドだったのである。

本来は「パナソニック」ブランドを守りつつも、同時に「ナショナル」ブランドの実利も得ることが松下電器産業が採るべき戦略だったのだ。

その二つを統合したことによって、「パナソニック」のステータスを下降させる結果になってしまった。とくに、これから成長が見込まれる東南アジア各国の市場では、今後もさらなるダメージを被ることになるだろう。それらの市場の消費者層が現在の中国の消費者のように購買力を身につけたとき、「パナソニック」は安売り家電ブランドとしか認識されなくなってしまう。

歴史を重ねたからこそ信頼を勝ち得たブランド力であるにもかかわらず、それを堅持しようとする意識が日本企業には希薄だ。ブランド名やロゴマークへのこだわりも欠けている。

欧米などを中心とした海外の企業は、まったく逆のスタンスである。

歴史を刻んだ名門ホテルなどがいい例だ。いかに名門ホテルであっても、たびたび売りに出され、経営する企業もその都度変わる。だが、経営権を得た企業も、ホテルの名前やロゴマークを変えてしまうことなどない。古い歴史の中で培ってきたその価値の大きさを十分に理解しているからだ。

「古さへの敬意」を忘れてはいけない

医学をはじめとした科学の世界、その科学を基盤とした産業、あるいは新しい商品の生産などの分野において、新しいテクノロジーの誕生は歓迎すべきことである。それがその分野の進歩を生む。だが、思慮を欠いた刷新が、そのまま衰退を加速させてしまうことがあるということを忘れてはいけない。

有名ブランドなどはまさにその代表ともいえる。たとえばヨーロッパなどでは、古い家はそれだけで価値のあるものと見なされる。富裕層の多くは200年、300年という歴史を刻んだ家を求めて探し回る。

建築様式の違い、地震への備えなど、日本のそれと単純に比較はできないが、「正しい古さ」への敬意が脈々と生きているといっていい。

何事においても、きちんとした検証もないままに「古いから間違い」「新しいから正しい」という選択の物差しで行動することは、じつに愚かなことである。

ちなみに、昨今の憲法改正の動きを進めようとする勢力の発想においても、これに似たものを感じるのは私だけではあるまい。「古い」「押しつけられた」という理由よりも、その取捨において必要なのは憲法そのものへの検証であるはずだ。日本が少なくとも70年にわたって戦争をしない国として生きてこられたことの理由の一つが平和憲法の存在だったことは間違いない。そのくせして、もっと古くに作られた刑法（代用監獄が許されている先進国は日本しかない）などは変えようとしない。

検証も議論もないままに、捨ててしまったり、変えてしまってもいいわけがない。後で

「あの憲法があれば」と大きな後悔をすることになりはしまいか。

プロ野球の12球団の中で、何十年と球団のロゴマーク、旗、キャラクターを変えていないのはわずか2チーム。タイガース、そしてカープだ。

その両チームがプロ野球界で数少ない黒字経営をしているというのも、あながち偶然ではないはずだ。

5 まず、自分の眼で見なければはじまらない

優秀な新人を発掘するため、カープのスカウトは恐ろしいほどよく働く。どんなに評判が高い選手であっても、その評価を鵜呑みにはしない。必ず足を運んで確認するという。「百聞は一見にしかず」。やはり直接見ないことにははじまらない。追いかけ続けていれば、情報戦でライバルにしてやられることもない。

昔、カープには木庭教《きにわさとし》さんというスカウトがいた。その世界では「スカウトの神様」といわれた人で、山本浩二さん、池谷公二郎さんら、アマチュア時代から注目されていた選手を獲得した実績がある。だが、それ以上に、無名選手の埋もれた才能を見抜く天才だった。

カープの黄金時代を支えた、川口和久さん、大野豊さん、高橋慶彦さん、達川光男さんなどを発掘している。自分の眼を絶対としている人で、数字よりも自分の経験によって裏打ちされた直観を重視していた。この木庭さんは情報戦の名手でもあった。

代表的なのは大野さん獲得のエピソード。

大野さんは、一度はプロを諦め、地元の信用金庫に就職した。軟式野球を続けていたのだが、その後も大野さんの動向には注目していた。3年かけて追いかけ入団させたのも、本人がプロ入りしたがっているという情報を重視した結果だ。

川口さん獲得の裏技も有名だ。他球団もマークしていたが、カープ入りを熱望していた本人の意向を受けて策を講じた。外部に「肘の調子が悪い」ことをアピールさせた。他球団は獲得戦線から身を引いた。その年のドラフト会議。カープは原辰徳さん（現巨人監督）の外れ1位とはいえ、指名に成功している。

才能を見出したら、徹底的に追跡し観察し続ける。それが信条の木庭さんの仕事術が苑田統括部長をはじめとしたカープのスカウトたちに受け継がれているのである。

毎日、見続けていると、選手の細かいところがよく見えてくる。それを繰り返すことで、体調の変化や故障なども見えてくるという。何事においても自分の確信を得るためには、ある程度の時間をかけて「自分で見続ける」というプロセスは必要だろう。

ライフワークの見つけ方などもそうだ。また、私が専門にしている勉強法なども同様だ。自分に合ったものを探し出すためには、一定期間「見続ける」「やり続ける」ことで「これだ」という確信が得られる。

食わず嫌いや、評判だけで判断するのではなく、まずは自分自身で確かめてみることである。気になったら一定時間をかけて追いかけてみる。見えてくるものがある。そして仮説が確信に変わる。

時間をかけて診療できない現在の医療制度

視診が原点の医者も同じだ。

長い時間をかけて、患者さんに接し、微妙な変化を観察できれば、それに沿った有効な医療が可能になる。だが、さまざまな問題を抱える現在の医療制度では残念なことに不可能だ。保険診療が充実しすぎているために患者がフリーアクセス状態になっていることもあって、絶対的な医師不足、とりわけ有能な医師の不足という現状が「見続ける医療」を許さないのだ。

患者さんにとって、日本の精神科医は「当たり外れが多い」といわれる。精神科医としては悲しい現実だが、そのとおりかもしれない。

その要因として、精神科医の数が圧倒的に不足しているという事情がある。生存競争のない分野ともいえる。だから、精神科医のレベルに大きな差が生じる。

精神科の場合は他の治療とは異なり、治療の効果が現れるまで、かなりの時間を要する。中には、まったく効果が見られないどころか、悪くなる患者さんも決して少なくはない。

心ある精神科医は、じっくりと時間をかけて患者さんひとりひとりから話を聞き、症状や状態を確認した。そのうえで、個々に適した治療のプログラムを作成したいのだが、さまざまな事情があってそれがなかなかできない。

私は山王病院という富裕層の患者の多い病院でセカンドオピニオン的なスタンスで、ゆっくりと時間をとった相談を受けているのだが、自由診療になるため、患者さんの負担が大きくなる。保険診療となると、患者さんの数が多く、すべてに時間をかけた対応ができないという現実もある。これは他の病院も同じである。そのため、どうしても「3分診療」（長時間待たされたあと、3分程度の診療時間で流れ作業のように治療を受けること）が主流になってしまう。

ひとりでも多くの患者さんに、いい医療を受けてほしいのだが、なかなか難しい。それが現実だ。医師として歯がゆいかぎりだ。

6 選手と「心のキャッチボール」ができるスカウト

2013年のドラフト会議で大瀬良投手を引き当てた田村恵さんだけでなく、カープのスカウトは皆、仕事熱心だという話を聞く（もっとも、他球団ではスカウトがいい加減ということではないのだが……）。

間違いなくその仕事ぶりは、12球団でもトップクラスだと思う。これは、苑田統括部長の存在によるところが大きい。カープのスカウト部は現在、9人が在籍している。苑田統括部長をトップに、白武佳久部長。以下、近藤芳久、高山健一、田村恵、松本有史、尾形佳紀、蛸師智也、末永真史各氏が名を連ねる。9人すべてが元カープの選手たちである。

苑田統括部長は三池工業高校時代、九州一のスラッガーとして評判になった選手だった。獲得に乗り出した球団はじつに9球団。その中から苑田さんが選んだのがカープだった。

獲得の条件は、9球団の中では最低だったという。それでも苑田さんはカープを選んだ。その決め手になったのが、担当スカウトだった久野久夫さんの人間性だったという。久野さんは、雨の日も風の日も、熱心にグラウンドに足を運び、苑田さんを見続けた。ときには朝から晩まで、グラウンドを離れることはなかったという。誰よりも早くグラウンドに現れ、他のスカウトが帰っても、苑田さんを見続けていたという。

それは、カープへの入団を強く願う久野さんの熱意の表れであり、誠意だった。

カープは他球団のように、潤沢な資金を使い、魅力ある条件を提示することはできない。カープが他球団に勝るのは、誠意を見せること。久野さんの一途な姿勢に、苑田さんも気持ちで応えた。カープへの入団である。

名スカウトの「最高発掘選手」

「お金なんていうのは、プロに入ってから稼げばいいと思っていた。（契約金は）いくらでもよかった。あの人の人間性に惹かれた」

苑田さんの言葉だ。演歌ではないが、男心に男が惚れたとでも言おうか。

「ビジネスライク」という言葉がある。情を排除して効率優先で事務的に仕事を進めるスタイルだが、かならずしもそれが正しいとは私は思わない。どんなビジネスでも「心のキャッチボール」が良きビジネス・パートナーシップを誕生させることはあるのだ。

相手を裏切らず、面と向かって相手と接し、誠意ある行動を見せていれば、相手もその誠意に応えてくれる。必要ならば裏金まで用意。親族を囲ってまでも入団させようという球団があった時代。そんな時代に、「心のスカウティング」で勝負した人がいたということに、一カープファンとして誇らしく思う。

いまでは苑田さんが、久野さんの後継者だ。

選手引退後、いきなり東日本の担当スカウトとなり、東京に拠点を構えた。自分を獲得してくれた久野さんと同じように、才能を見抜いた選手のもとに足を運んだ。

江藤智さん、金本智憲さん、大竹寛投手、永川勝浩投手……。発掘し入団させた多くの選手が結果を残した。中でも最高傑作、いや「最高発掘」の選手がいる。

高校時代、その選手はただの控え投手。大学に入学してからも、当時は弱小大学リーグの二部チーム。誰からも注目されることはなかった。

そんな投手のところに、苑田さんは毎日のように通った。とはいえ、規定によりプロのスカウトが直接選手と接触することは禁止されている。通い詰める苑田さんがやれるのは、グラウンドの片隅から見つめていることだけだ。神奈川県伊勢原市の山奥まで通い、来る日も来る日も見続けた。だが、それで十分だった。

やがて、彼ともうひとりの投手（この投手もカープ入り）の活躍で、大学は一部リーグに昇格。ここにきてようやく、他球団のスカウトも、彼の存在に注目するようになる。しかし彼は、才能を発揮しはじめてから飛びついてきた他球団のスカウトをまったく相手にしなかった。

彼の心は決まっていた。無名の時代から、自分を追いかけてくれた苑田さんに恩義を感じていたのである。１９９６年、彼はカープを逆指名。ドラフト2位で入団した。契約金は１億円。年俸１３００万円。この投手が18年後、メジャーリーグにおいて年俸で１３０倍以上の評価を受けることになる。

スカウトの誠意に応えてカープに入団した男の誠意は、18年の歳月を経てもいささかも色あせることはなかった。

「黒田博樹、カープに復帰」。

「心のキャッチボール」は続いていた。

7 「裏方仕事」へのリスペクトがあるか

カープの田村恵スカウトがグッと力強く握りしめた拳を小さく振った瞬間、歓声が上がった会場。

テレビのワイプ（画面の隅にある小さい囲みのはめ込み映像）では、母校の九州共立大学で指名の行方を見守っていた大瀬良投手に、カメラのフラッシュが無数にたかれていた。彼はひと呼吸おいたあと、カープの交渉権獲得に安堵し、白い歯を覗かせた。

２０１３年10月24日に行われたドラフト会議での主役。それは、５球団から指名を受けた桐光学園の超高校生投手、松井裕樹投手でもなければ、高校通算41本塁打を放った大阪桐蔭高校のスラッガー、森友哉選手でもなかった。

田村恵スカウト。自身も捕手として、１９９４年のドラフト6位でカープに入団。選手としては大成することなく、２００２年のシーズン終了後に引退。一年間スコアラーを経験した後、２００４年よりスカウトとして、地元の九州を担当している。僧侶を思わせるような短く刈った頭髪に、地味でシンプルな眼鏡。その容姿からも実直さが伝わってくる人物だ。

ヤクルト、阪神との競合の末、抽選のくじを引き当てたときの態度にも、それは見て取れた。本来ならば、両手を高々と上げ、喜びを全身で表現したとしてもおかしくない。長年追いかけてきた恋人との交渉権を自ら引いて獲得したのである。

５球団と競合した後に、抽選で桐光学園のエース松井裕樹投手を引き当てた東北楽天の立花陽三球団社長はそうだった。くるりと後ろを向き、破顔のまま、大きく拳を振り上げていた。星野監督は親指を立ててはしゃぐ。意中の選手の指名権を得た嬉しさはわからないでもない。だが、私にはあまり品のいい態度とは思えなかった。

ソフトバンクの王球団会長をはじめ、日本ハムの栗山監督、ＤｅＮＡの中畑監督、そして中日の谷繁監督。まわりには抽選で外れた他の４球団の関係者がいる。立花社長はこの中では最年少でもある。喜ぶなとはいわないが、少し考えれば、配慮が必要だとわかるはずだ。

対照的に田村さんの喜びの表現はじつに控えめだった。

わずかに笑みを浮かべたのは、封を開けて交渉権獲得の紙を確認したときだけ。すぐに口を真一文字に結び直し、右に並んだヤクルトの小川監督、左の阪神の和田監督に一礼。会場のお客さんにも深々と頭を垂れた。田村さんの誠実さと人柄が表れた瞬間でもあった。

大仕事を成し遂げた後のインタビューがまた、心を打った。

熱いものがこみあげてきているのか、目は充血し、心なしか声も震えていた。

「ちょっといま、頭の中が真っ白で、なにも答えられなくてすみません」

田村さんは鹿児島商工（現樟南高校）時代、4度甲子園に出場。94年夏は、チームの準優勝に貢献。「黒縁眼鏡のキャッチャー」として注目された。その後、カープに入団した。だが、選手としてプロで脚光を浴びることはなかった。

プロの世界ではじめての大舞台となったドラフト。緊張していたのだろう。その初々しさがまた、カープファンの頬を緩ませた。

その後のひと言がよかった。

「自分が一番見続けてきたので、絶対に当たると信じて臨みました」

その言葉に嘘はない。彼の仕事への自信と誇りがハッキリと伝わってきた。田村さんもまた、他のカープのスカウトと同様、大瀬良投手の元に通い続けた。無名の選手だった高校時代からじつに5年。大学入学後もプロ野球関係者など誰もいないグラウンドに赴き、大瀬良投手を見続けてきた。大瀬良投手もまた、田村さんを意識しながら成長した。

「田村さんが引き当ててくれると思っていた」

大瀬良投手の言葉だ。ドラフト当日、お揃いの赤い勝負パンツで挑んだことからも、つながりの深さが窺い知れた。「口約束」が平気で反故にされる選手と球団の関係にあって、珍しいハートウォームなエピソードであった。

「地味な仕事」が組織を支える

スカウト業はじつに地味な仕事である。今回のドラフトでは、はじめて脚光を浴びる形になったが、もし抽選で外していたら、田村さんの5年間の苦労や大瀬良選手との信頼関係のドラマは埋もれたままだったに違いない。

一ファンとして、抽選を田村スカウトに託した球団には、拍手を送りたい（それでも私は、松田元オーナーが嫌いだが……）。

このエピソードが物語るように、総じて、カープはスカウトをはじめとした裏方で働く人間を大切にする土壌がある。選手たちも、スカウトをリスペクトする。だからこそ、田村さんのような人材が活躍できるのだ。

どんな仕事でもそうだ。華やかな仕事をする人間の陰には、それを支える人間がいる。職種によってさまざまだが、営業、開発、宣伝といった成果が目立つセクションも、総務、人事、経理といった地味なセクションの人間がいなければ、会社、組織としては成立しない。職場環境の向上、社員のモラル向上、トラブル解決のできる人間、社の発展に寄与する的確な人材の発掘、採用、登用のできる人間、財務管理のできる人間なしには、どんな経営も立ち行かない。

医者の世界でもチーム医療といって看護師や作業療法士、ケースワーカーなどの裏方に見える仕事の重要性を私は痛感している。さらに映画を撮るようになってからも美術や照明、録音、記録などの裏方の仕事のおかげでいい映画が撮れたと実感している。

プロ球団にとって、優秀な戦力の獲得はチームの戦績ばかりか球団経営を左右する問題だ。間違いなく裏方の仕事ではあるが、球団という特殊な会社、組織にとって、スカウトのセクションは人事部であり、商品開発部の要素も担っているといっていい。

裏方の人たちを大事にしているカープ。ファンにとっても誇るべき一面といえる。

8 たしかな情報収集力と人材を見抜く眼力

優秀な人材の発掘はプロ球団はもちろんだが、一般企業にとっても欠かせないテーマだ。カープの人材発掘は12球団一だと思う。

2015年7月1日、それを示すゲームがあった。東京ドームでの対巨人戦。薮田和樹投手がプロ入り初先発した。前年ドラフト2位でカープ入りしたルーキーである。立ち上がりに、巨人の先頭打者、長野選手に本塁打を打たれたが、要所を締める熱投。5回を投げ切り、初先発、初勝利を飾った。

大学出身で2014年ドラフト2位指名。

これだけなら、即戦力候補の大物、学生時代は華々しい活躍をした注目株と誰もが想像する。ルーキーイヤーに巨人戦で勝利を挙げたとしてもまるで違和感はない。

だが、薮田投手は違った。

高校時代こそ、１４０キロ台後半のストレートが注目されてはいたが、右肩を痛めため大学での登板はわずか3試合の選手である。亜細亜大学で同期の山崎康晃投手（ＤｅＮＡが1位指名）の陰に隠れていた選手だ。高校時代にも2度、右ひじを疲労骨折していた。どんなに素質があっても、目立った戦績もない。ましてや「爆弾を抱えている」選手である。そんな選手をカープは、ドラフト2位という枠で入団させたのである。

指名直後、会場はどよめいた。競合した有原航平投手（日本ハム）の外れとはいえ、１位に指名した野間選手同様、上位指名に野球関係者は違和感を覚えたからである。

「なぜ、こんな上位で指名するのか？」「他にいい選手はいるだろ」

私もそう感じたひとりだった。

だが、今回の投球を見ると、この指名は間違ってはいなかったと思えてくる。スカウト陣の人材発掘力の勝利である。さらなる活躍を期待したい。

自分で得た情報、自分の眼力を信じる

薮田投手を担当したスカウトは松本有史（現役時代は奉文）さん。関東・東海地区を担

当している。あの菊池涼介選手を発掘したスカウトでもある。

松本さんの母校は藪田投手と同じ亜細亜大学。近年、カープは亜細亜大学とのパイプを強化してきている。これまでは法政大学や明治大学とのパイプが強いイメージだった。

藪田投手を上位指名したのには、故障の状態を含め「通用する」という確かな情報が入っていたはずだ。なにしろ、カープのスカウティングは徹底マークが基本。松本さんも亜細亜大学後輩の岩本貴裕選手はもとより、堂林翔太選手、そして前述の菊池選手を、それぞれ、高校、大学時代に1年生のときから密着マークしてきた。同じ亜細亜大学出身で2013年ドラフト2位指名の九里亜蓮投手も松本さんの担当だ。

九里投手をマークしながらも、人脈を駆使して藪田投手の情報を仕入れていたことは想像に難くない。

現在のドラフトはどの球団も、自由に選手を指名できる。だが、指名権を得てもかならず選手が入団してくれるとはかぎらない。日本ハムが強行指名した菅野智之投手のようなケースもある。

また、獲得しても、活躍してくれる保証はない。

2012年のドラフトで即戦力として注目され、ソフトバンク、埼玉西武、DeNAが

1位指名した東浜巨投手（ソフトバンク）などは一つの例かもしれない。カープは直前まで高く評価をしていたにもかかわらず、直前で指名を回避した。伸び悩む東浜投手の現状を見るかぎりカープの判断は、現在のところ正しかったといえる。

要は、スカウト陣の確かな情報収集と眼力が、「本当に伸びる選手なのか」「指名すれば獲得できるのか」という疑問を解決してくれるのだ。日頃から地味な活動の中で培った人脈も生きてくる。

まわりの評価に左右されず埋もれている人材を発掘する力、選手の実力の真贋を見抜く力、いずれをとってもカープのスカウト陣は優秀である。

古くは軟式野球で投げていた大野豊投手の獲得などはその証明である。大学時代に3試合しか投げていない藪田選手を敢然とドラフト2位で指名した決断は、スカウト陣の情報収集力と眼力の勝利といえそうだ。

第3章

巨人中心主義が崩壊し、プロ野球が変わる!

HIROSHIMA TOYO CARP

1

勝てば、選手は高価なロボットでもいいのか

プロ野球において、チームが勝つためには戦力強化が必須条件だ。

これはなにもプロ野球チームにかぎらない。会社においても、なにをもって有能といえるかはさておき、やはり有能な社員がいなければ競合他社とは戦えない。問題は、いかにして戦力を整えるかだ。

現在、ほとんどの球団が資金力を背景にした補強戦略を基本としている。それまでは一部の金満球団が行っていたこの方法を、ほかの球団もまねしはじめた。阪神、ソフトバンクなどがいち早くこの方法を採用した。最近では、オリックスや横浜ＤｅＮＡ、そしてヤクルトまでもがこの流れに乗り遅れてはと、補強のために巨額な資金を投入しはじめた。そうした流れに逆らうようにカープだけは、独自路線を貫いている。

私はそれこそが、カープだと思っている。

もちろん、7シーズンぶりに日本球界に復帰した黒田投手に対する資金は別だ。戦力として申し分ないのは当然だが、話題性、集客力、グッズの販売など、どれをとっても増収、増益が見込める。なにより、カープと黒田投手の特別な関係もある。

あり得ないことだが、もし黒田投手が日本に戻ると決めたとき、獲得に動かなかったとしたら、間違いなくカープは膨大な数のファンを失っていただろう。メジャーからの21億円ともいわれる年俸提示を蹴っての復帰である。

もとより、黒田投手はお金ではなくカープへの愛着の念に突き動かされて復帰を望んだわけだ。とはいえ、メジャーに匹敵する年俸などは無理だとしても、カープはその黒田投手の心意気に応えるためにも、できるかぎりの誠意を示さなければならない。それは当然のことだ。

黒田投手は別格として、それ以外の外部補強といえば、無名の外国人選手くらいだ。それでも、カープとして特別に奮発したといえば初来日外国人選手としては初の1億円越えをしたグスマン選手がいる（後にシアーホルツ選手が推定1億3900万円で契約）。他球団に比べれば、かわいいほどの金額である。

新井選手の復帰に至っては、大幅な年俸ダウンを彼が受け入れたからこそそのものだ。黒田投手の獲得資金で、補強費用が底をついたのかもしれない。

カープは外部戦力獲得のために他球団と競り合うようなことはしない。「メジャー帰り」だけが売りの選手に10億円以上も払う球団とは、経営の仕方そのものが明らかに違うのである。私はそれでいいと思っている。

「プロ野球選手なんて、どんなに長くやれたとしても、せいぜい40代前半まで。ならばその間に、稼げるだけ稼いでなにが悪い」

選手の側にはそういう考えもあるだろう。プロの評価はお金だと割り切る人もいる。それを否定するつもりはまったくない。だが、選手とチームの関係はそれだけのものなのだろうか。プロ野球選手は実力が最優先されるのはわかる。だが、選手は単なるマシーンではない。

ファンは生身の選手に声援を送るのである。贔屓《ひいき》のチームに新人として入団以来、その成長を願い見守る。グランドでプレーするようになれば、声援を送る。ゲームで期待を裏切るようなプレーがあったとしても、次への期待を込めて声援を送るのだ。球団や監督、コーチも同じだろう。選手はその期待に応えるべく努力し、結果を残すようになる。これが選手とファン、そして球団、監督、コーチとのあるべき関係だ。

選手は「はい、新品に交換しましょう」「別のメーカーのものに買い換えましょう」と簡単にお払い箱にできるようなものではない。それでは選手のモチベーションは下がる一方だ。

社員に「愛社精神」を求めるなら、やってはいけないことがある

この構図は、会社と社員の関係でも同じだ。

入社した社員は、会社の利益に貢献すべく奮闘するが、いつも傑出した結果を残せるわけではない。いい会社なら、その社員が結果を残せるようになるまで一定の時間的猶予を与えるし、きちんと教育する。上司や先輩、同僚も応援する。そしてチームワークが芽生える。

やがて、その社員が成長し会社に大きな利益をもたらすようになる。会社は昇級や昇格で応える。社員は会社を信頼し、愛社精神も芽生える。そして、会社へのさらなる貢献を目指す。定年まで勤めあげれば、会社は社員の労をねぎらう。終身雇用のシステムでは、中にはそれでも結果の出せない社員もいるが、そういう人たちの生活も会社が保証する。

その姿勢を見て社員が安心して働き、会社を愛し、存続するようにがんばるからだ。この考え方は出光佐三などの日本の名経営者に共通するものだ。

これがいい会社と社員の健全な関係だ。

一方で、まったく違う会社もある。

すぐに結果を出せなかったら、「もっといい人材が外部にいる」と、ルール破りの破格の条件で入社させる。そして、せっかく採用した社員をすぐに閑職に追いやる。あるいは職を奪うような行動にも出る。これではせっかく入社した社員も、会社のために真面目に働こう、スキルを磨こうという意欲もしぼんでしまう。上司、先輩、同僚も見て見ぬふりだ。チームワークなど望むべくもない。

前者がカープという会社であり、後者が巨人だといったら、言い過ぎだろうか。

カープファンはカープというチームで育ち、成長した選手だからこそ応援する。チームではなく、選手を応援するから女性ファンも増える。それが「カープ女子」である。「あの選手」のいいプレーには拍手を送り、「この選手」の失敗には激励のメッセージを送る。たとえ負けても明日の勝利を信じてチームへの声援をやめることはない。

一方の巨人ファンは、「あの選手」「この選手」は二の次。勝利に貢献してくれるなら、外部から資金にものをいわせて獲得した選手でもいっこうにかまわない。生え抜き選手にとって代わろうが、巨人のユニフォームを着ている選手ならどうでもいい。昨日までライバルチームの「嫌いな選手」でもお構いなしだ。たとえ、それが巨人のユニフォームを着た精巧なロボットであっても……。

カープは選手を血の通った人間として扱うチーム。スーパースターはいないけれど、地道な努力で才能を開花させた選手たちが躍動する。

カープファンはやめられない。

2　一極集中は不健康な状態を生む温床

「勝つためにはなりふりかまわずか」

ＦＡ導入の際、そんな巨人のスタンスが露骨に見えた。巨人の姿勢は論外だが、さらに許せなかったのは「巨人追従」路線で各球団が賛同したことだ。

ＦＡが導入されれば、権利取得までの期間はいずれ短縮されていく。球団が時間をかけて選手を育成しても、その努力が報われなくなる。ようやく能力を開花させても、その恩恵に浴することがない。高卒ルーキーなどの場合、やっと活躍しはじめて２～３年でＦＡの権利を取得して他球団やメジャーに移籍となってしまうのだ。

地道に選手を育てる球団は減り、即戦力の大学・社会人ばかりを獲るようになってしまうのは必定だ。もちろん、高校生の中でも即戦力の選手はいるが、ごく少数にかぎられている。育てるよりもＦＡで獲得したほうが手間もかからない。経験知も高いから、戦力として確実に計算できる。

これまでも、カープの有力選手は何人となくFAで流出をしている。黒田投手のケースは別だが、球団姿勢が基本的に「宣言＝移籍」で、引き留める策はない。江藤選手、金本選手、新井選手、川口選手、大竹選手。そうそうたるメンバーがFA移籍をしていったものである。

そして、それらの選手を受け入れたのは、選手育成力は乏しいが、資金力だけは富んでいる巨人と阪神であった。こうなることは、FA導入が話し合われた段階で、予測することができたはずである。

本来なら、カープは自前で育てた貴重な戦力が流出することに対し、いの一番に反対をしなければならない球団だ。だが、そうはしなかった、あろうことか、球団側は有力選手の移籍による戦力ダウンを憂うよりも、移籍先からの補償金を喜んでいるような印象すら感じたものである。ダウンした戦力のアップは頼りない外国人選手と若手の成長頼み。

20年以上も優勝から遠ざかっている理由はハッキリしている。にもかかわらず、せっかく育てた戦力が流出するFA制度の導入に抵抗すらしなかったのである。強いチームを作り、ファンに喜んでもらい、安定的な観客収入を目指すという球団経営の王道を忘れ、目先の金の誘惑に負けたのである。

球団設立以来、カープは何度となく金銭的に行き詰まり、球団存続のピンチに見舞われてきた。だが、そのたびに、樽募金や文字通り手弁当での応援などでファンは球団を、選手を支えてきた。ＦＡはそんなカープをさらに荒れた大地に変えてしまったのである。

「プロ野球一強時代」の終焉

だが、テレビ中継視聴率の低迷というプロ野球にとっては試練とも思えた現象が、逆にファンの足を球場に向けさせはじめせた。その結果、「ホームタウンのチーム」に対する愛着をファンの間に芽生えさせた。サッカーのＪリーグ人気の影響も否定できない。

新しい野球ファンが、ボールパークで観る生の野球の魅力の虜になったのである。「カープ女子」の誕生はまさにその象徴である。プロアスリートの生の雄姿、生のゲームの迫力に酔いしれる。「おらが町のチーム」の応援に夢中になる。ファンがプロスポーツを楽しむ原風景が復活したのである。マツダスタジアムという清潔で新しい舞台もそのムーブメントを作り出すために一役買った。

球団側も「少ないパイから得たお金で黒字にする」ではなく、「多くのファンから、いかにしてチームを支えてもらえるか」というチーム経営に転換してきた。

従来の巨人戦のテレビ放映権依存経営からの脱却である。

生の野球観戦の醍醐味、応援の楽しさを知ったファンの野球熱は高まる。「巨人戦を楽しむカープファン」ではなく相手は問わず「カープ戦」を楽しむファンになったのである。

その結果、地元局のテレビ中継の視聴率も上がった。さらにＣＳ放送の視聴者も増えた。ＣＳ放送なら好きなチームのゲームを選んで観ることができる。巨人離れは、野球ファンのすそ野の広がりとともに、ファンの野球に対するスタンスを多様化させたといってもいい。

同時に、巨人頼みの球団経営に決別することによって、本当のファン開拓ができるようになったともいえる。

どんなビジネス、どんな業種であれ、一極集中の構図は不健康な状態の温床になる。ましてや、アンフェアな形で作られた一極集中はなおさらである。考えようによっては、黒田投手のカープへのこだわりは、そうした風潮への警鐘とも思える。

試行錯誤の中で、カープの球団経営はようやく実を結ぼうとしている。

３ 「過食」をやめない巨人の限界

他球団の選手を資金力を武器に獲得し、戦力を強化させるというやり方は、巨人の専売特許だった。ＦＡ宣言をする選手によって他の球団の戦力が維持されるくらいなら、とにかく獲得して、飼い殺しにしてもいい。それで相手チームの戦力は確実に低下する。それほどの勢いで、選手を買い漁った。

もっともひどかったのは１９９３年から２００１年にかけての第二次長嶋茂雄監督の時代だった。

「欲しい、欲しい病」といわれ、日本人選手、外国人選手を問わず選手集めに奔走した。ちょっと名の知れた選手がＦＡ宣言をすると必ずといっていいほど獲得に動いていた。

ファンも、それが当然だと思っていた。選手を獲得すれば盛り上がり、「来年は日本一奪回」と叫ぶのが口癖になっていた。要は、選手は誰でもいい。ただ、巨人というチームが勝てばよかったのだから。

選手ではなく、「人事」や「記号」を応援していたのである。

ユニフォームは誰が着ていてもいい。活躍しているときはトコトン応援する。しかし、ダメなら見限る。代わりはいくらでもいるというわけだ。

ファンだけではなく、チームも同様。そのため、FAでやってきた選手の多くが、引退を待たずにチームを去っていった。厳しい言い方だが、ファンにとっても、チームにとっても、しょせんはただの「コマ」なのである。

不思議に感じたのは、そのような巨人のチーム作りを江戸っ子が受け入れたことである。江戸っ子の気質を考えると、本来はそのようなやり方は性に合わないはずだ。

それだけ、長嶋茂雄という人間に心酔する人が多かったということだろう。「あの人なら仕方がない」とばかりに、そんな理不尽なやり方を容認したのである。

無論、巨人の戦略に違和感を持った人もいた。

「なんだか野球がつまらなくなった」

私の知人でも、そういって嘆く巨人ファンがいた。それもそのはず。長嶋監督時代では、総額で100億円にも及ぶお金を使い、他球団の4番打者やエースを引き抜いたのである。

ＦＡというのは麻薬のようなものかもしれない。その魔力に取りつかれてしまうと、何度となく繰り返してしまう。

「もっといい打者を」「もっとすごい投手を」

これでは神経性過食症患者（摂食障害の一つ。鬱病を併発する人が多く、別の依存症に走る人も多い）と同じである。いや、過食症患者は摂食後、過食性ブリミアと呼ばれる反動的な嘔吐で痩せようとする。それで余計に具合を悪くするのだ。

だが、巨人は、永遠に過食を続けている。それが巨人を不健康な球団にしてしまっている。自浄作用もない。

それだけ過食を続けても、日本一になったのは１９９４年と２０００年の二度だけ。投資としては失敗である。しかもその間には、将来性ある生え抜きの若手選手をきちんと育成することもなく潰していった。そんな球団をファンがいつまでも応援するだろうか。失望したファンは、ヤクルトをはじめ、他球団に流れていった。中には野球そのものへの興味を失ったファンもいた。

一時、空席が目立つスタンドにもかかわらず、本拠地の東京ドームでは観客数が、常に５万５０００人の満員と発表されていたときがあった。

「ああ、この球団はファンまで平気で騙《だま》すのか……」

ある知人はそういって、巨人ファンをやめた。選手だけでなく、球団はファンをも切り捨てたのである。そういう人は少なくない。

だが、巨人は多くのものを失いながらも、なお過食を続けていた。

墓穴を掘った巨人

圧倒的な資金力を誇ったそんな巨人だが、難敵が現れた。

メジャーリーグである。

マネーゲームならお手の物。日本球界の盟主を自認する巨人も、メジャーが相手ではなす術がなかった。また、より上のレベルで戦えるため、選手にも大義があった。ファンも後押しした。

そのため、野茂英雄投手で本格的にはじまった日本人選手のメジャー流出も立身出世とばかりに、ファンからもすんなりと受け入れられた。

考えようによっては、じつに奇妙なことである。日本の球界を棄てて、外国に移籍しようという選手に対し、日本のファンは喝采するのである。メジャーというさらに上の舞台に挑戦するということで、快く送り出したといえば聞こえはいいが、日本プロ野球界にとっては人材流出である

自国の選手が、大金をもらって外国に移籍するというのに、「国を棄てた」と文句をいうこともない。この不自然なことをすんなりと受け入れているのである。

仮に、あなたの会社にいる、バリバリのトップ社員が、ヘッドハンティングされて外資系の企業に転職したとして、それを喜ぶ株主や顧客がいるだろうか?

巨人のやり方を容認してきたからこそ、感覚が麻痺してしまい、メジャーのやり方も当たり前のように受け入れてしまっているのだろう。

元々は自分たちが都合よく、選手を確保するために導入した制度を利用され、今度は、より強い者に人材を持っていかれてしまう。超一流選手がいなくなると日本球界全体の魅力も低下してしまうので、テレビの全国放送の視聴率も大幅に下がった。自ら墓穴を掘ったともいえる。すでに年俸総額でもソフトバンクに主役の座を奪われた。因果応報とはいえ、野球ファンとしては、なんとも切ない気分にさせられるものである。

4 もはや「大樹」巨人ではない

合資会社日本運動協会が設立されてスタートした日本のプロ野球。１９２０年のことだ。いまから１００年近く前のことになる。関東大震災の影響などで協会は解散したが、34年には巨人軍の前身である大日本東京野球倶楽部が、翌年には大阪野球倶楽部（大阪タイガース）が誕生した。さらに翌年には『日本職業野球連盟』が設立され、リーグ戦がスタートした。

ちなみにカープのスタートは１９４９年（「広島野球倶楽部」が前身）である。

野球というスポーツは、アメリカの象徴ともいえるものである。特に職業野球としては、アメリカ文化特有の華やかさ、明るさが十分に詰まっていた。また、全国規模での社会人スポーツリーグがそれまでに存在しなかったこともあり、プロ野球は多くのファンをつかむことに成功した。

大日本東京野球倶楽部を全面的にバックアップしていたのは、他でもない正力松太郎氏。読売新聞社が全株式を取得し、子会社化したのは47年のことだ。その後、読売新聞社は、新聞の購読者拡張ツールとして、巨人をおおいに利用し、成功を収めた。

読売新聞社にとって、球団の経営はもちろん、プロ野球リーグという組織のリーダー役を務めることは、非常に大きなメリットがあった。

2リーグ制への分裂騒動後はいくらかマシにはなったが、かつての運営は、巨人の独裁そのものであった。

選手獲得に規制がなかった時代には、資金力にものをいわせ、有力新人選手はもちろんのこと、他球団のトップクラスの選手にも次から次へと触手を動かした。当時の南海ホークスへの入団が決定的といわれていた立教大学の長嶋茂雄選手を強引に獲得した例などもある。古くは、甲子園出場を熱望していた旭川中学の白系ロシア人のスタルヒン選手を獲得した際にも、国籍を持たない彼の弱みを利用したとも噂されている。

ドラフト制度導入後も、水面下でさまざまな策を弄して有力選手の獲得に動いた。ドラフト制度の隙間を突いた江川卓投手獲得などは暴挙としかいいようがない。これは「空白の一日」としていまも語り継がれている。

そればかりではない。逆指名制度導入の際にも、あの手この手を使って有力新人選手獲得に暗躍。他球団への逆指名が決まりかかっていた選手獲得のために、選手の実家への多額の金銭支援を提示したという噂もあった。もっとも、これは巨人ばかりではないのだが……。

多くの球団が、自分たちで作ったルールさえ守ろうとしない。フェアでなければならない選手獲得のルールが形骸化しているのだ。

巨人の「無理」が「道理」に押されはじめてきた

「嫌なら1リーグだ」

「連盟を脱退してもいい」

無理が通れば道理が引っ込むとばかりに、巨人サイドは、最後は恫喝とも受け取れる発言で正論を遮断することもしばしばだ。

それに逆らえないコミッショナーも情けない。巨人と同じセントラル・リーグに所属し、恩恵のおこぼれを享受していた他球団のオーナーたちも、同罪だ。反論どころか、巨人のやり方にただ従っていたのは、情けない話である。

残念なことに、カープもそうだった。

カープは、ドラフトからFA問題、交流戦に至るまで、これまで原則として巨人主導路線に反対することはなかった。

私は自身のブログでも何度も異議を唱えてきた。

「カープこそは巨人の進める戦略には、断固として反対しなければならない存在だ」

まわりの野球ファンの多くも賛同してくれた。その中には巨人ファンもいた。しかし、状況が変わることはなかった。

カープが強気に出られないのには理由がある。それは経営状態の低迷である。巨人人気に背を向けていては経営はままならないという事情があった。

他球団とは違い、カープの運営は独立採算制である。一応、マツダ（旧東洋工業）が筆頭株主ではあるが、積極的な資金提供があるわけではない。そうした経営基盤の脆弱性から戦力獲得にも限界がある。98年以降はチームも低迷。補強らしい補強もできず、「広島査定」といわれるような緊縮査定が毎年繰り返されてきた。選手も原則は単年度契約。FA制度にしても「去る者は拒まず」というか「去る者を追えない」という台所事情があったのだ。だが、その間にプロ野球界は様変わりした。

テレビ中継の減少が象徴するように巨人一辺倒のファン構成に大きな変化が生じた。セントラル、パシフィックを問わず、巨人以外の球団のファンが増加し、観客動員数も右肩上がりになった。各球団の経営努力の結果ともいえる。

そうした新しい流れとともに、各球団が「巨人頼み脱却」の好機を得たといえるのではないだろうか。「カープ女子」「オリ姫」「虎女」、ひと昔前までは想像もできなかったファンも誕生した。

「寄らば大樹の陰」という巨人依存の悪習を断ち切るチャンスでもあるのだ。互いに切磋琢磨しての共存共栄はいけないことではないが、どんな業界でも、無節操な右へならえの「船団方式」はもはや通用しない。

5 巨人、巨人ファンは本当に選手を愛しているのか

2015年の5月4日に広島で行われた対巨人戦で、思わぬプレーが飛び出した。カープファンがおみくじで「大吉」を引いたのである。それが、間違いなく球史に残るであろう「サヨナラ・インフィールドフライ」である。

「インフィールドフライ」(Infield Fly)とは、無死または一死で走者が1・2塁または満塁のとき、打者がフェアの飛球(ライナー、バントの飛球は除く)を打ち上げたとする。それを内野手が普通の守備をすれば捕球できると審判が判断したとき、審判がインフィールドフライを宣告して適用されるルールだ。インフィールドフライが宣告されると、ボールが捕球されたかどうかに関係なく、その時点で打者はアウトになる。守備側が故意に落球して、ダブルプレーやトリプルプレーをしないようにと考えられたルールだ。

この日のゲームでは、巨人の3塁手村田選手と1塁手フランシスコ選手がホームベース

前に上がったフライを譲りあって捕球しなかった。いわゆる「お見合い」である。すでにインフィールドフライが宣告されているから、打者はアウト。ここまではいいのだが、ホームに走りこんできた野間選手にはタッチしなければアウトにならないのだ。

ところが、バウンドしたボールを拾ったフランシスコ選手はホームベースを踏んだだけで、1塁に送球したのだ。1塁に走るのはすでにアウトになっている選手である。その間に3塁走者の野間選手はホームベースを踏んでホームイン。カープのサヨナラ勝ちが決まった。

じつはは91年6月5日に横浜スタジアムで、カープはまったく逆の立場でサヨナラ負けを喫しているのだ。当時現役でくやしい思いをした経験のある緒方監督だが、今度は「してやったり」の勝利だった。

こういう幸運なハプニングが起こると、得てしていい方向に流れが向くものだ。翌日のゲームでは、1回表に一挙10点を取る球団新記録で快勝。鯉のぼりの時期らしい勝ち方をしてみせた。

ちょっと前置きが長くなったが、問題なのは、このときの巨人ファンの反応である。

この2日間、インターネット上の巨人ファンの掲示板は荒れに荒れた。中でも多かったのは、途中から加入したフランシスコ選手に対する非難。また、井端選手や杉内投手に対しても非難轟々《ごうごう》だった。「クビにしろ」「さっさと違う選手を獲ってこい」「下で飼い殺せ」といった過激なものばかり。このゲームまでは３勝０敗の投手や、４月７日の同じカードでは値千金の同点タイムリーを打つなど、それなりにがんばっている選手に対して、この言いようである。

ちなみに、この日の巨人の先発メンバーは、１番の金城選手から９番の杉内投手のうち、８人が移籍してきた選手か、外国人選手ばかり。生え抜きの選手は、４番の大田選手ただひとりであった。

金に飽かして次々と外部から選手を獲得しておきながら、結果が出なければ総叩き。不思議なのは、生え抜き選手がひとりしかいないオーダーに対する不満はないのだ。ただ巨人が勝てばそれでいいのだ。

巨人は、入団するまでは選手に優しいが……

「巨人ファンは選手を愛さない。ＹＧマークという記号を愛しているだけ」

私は事あるごとに、巨人ファンのあり方を指摘してきた。まさに象徴的な出来事だった。FAやトレードで移籍してきた選手、あるいは外国人選手に対して礼を失した態度で臨む傾向がある。「巨人に来てもらった」ではなく「巨人に入れてやった」と考えているフシがある。

選手の中には、子どもの頃から巨人ファンで、「一度はあのユニフォームを着てみたい」と思っている選手もいるだろう。また、引退後の生活を考えて、一度は巨人のユニフォームを着たいという選手もいるだろう。「元巨人」というブランドは、いまでも強力だ。もちろん、待遇面でも恵まれている。

「プロなんだから、より高い評価をしてくれるところに行くのは当たり前」

そんな意見もある。それを否定するつもりはない。

だが、巨人という球団は、入団するまでは非常に手厚くもてなすが、ごく一部の選手を除いて、入団後の扱いは極めて冷淡だ。期待に応えられなければ問答無用で切り捨てる。そうやって巨人を去って行った選手は多い。

「個々の選手はどうでもいい。巨人が勝てば……」

球団、そしてファンもそう考えているのではないだろうか。誰が試合に出ようが関係ない。要はYGマークの記号を付けたチームが勝てばいいのである。

契約期間が過ぎれば、後はお構いなし。使える選手なら再契約をするが、そうでなければ「どこにでも行ってくれ」とばかりに追い出してしまう。そしてまた、新しい選手をFAで獲得する。ファンも選手への愛着は薄れていく。

欧米流のヘッドハンティングを見ているようだ。いい条件を掲示され、元の会社で培ったスキル、場合によっては企業秘密を携えて転職したはいいが、利用価値がなくなれば用済み。契約期間満了となると、さっさとお払い箱。

私はこう問いたい。

「本当にそれでいいのだろうか？」

何度もいうが、会社が社員を愛し、社員が会社を愛せるような経営が日本流であり、それが日本の成長を支えてきたのではないか。

じつはカープという球団こそ、この日本の良き伝統を守り抜いている球団なのである。

6 社員に礼を失する会社は「盟主」でも「紳士」でもない

『単刀直入に言います。来年は戦力として考えていません』

日刊ゲンダイに掲載されていたコラム（2015年6月9日号）が伝えている。元巨人の元木大介さんが、当時の球団代表から戦力外通告をされたときの言葉だ。

1992年から2005年まで、巨人ひと筋14年。ドラフトでは当時の福岡ダイエーホークスの1位指名を拒否して1年間の野球浪人をした。そこまで巨人にこだわって初志貫徹した。一流の成績とはいえないものの、巨人愛を貫き、それなりにチームに貢献してきた選手である。功労者であることは間違いない。

だが、帝国ホテルに呼び出した清武代表の口からは、その労をねぎらう言葉も、足を運んでもらったことへの詫びの言葉もなかったという。西武ライオンズからトレード話が来ているという話もあったそうだが、巨人愛でがんばってきた元木さんが即答できるわけがない。

その間、わずか5分ほど。

結局、１９９１年のドラフトで入団した元木さんの野球人生は、代表が発した、たったひと言でピリオドを迎えることになった。「石持て追われる」とまではいわないが、少なくともカープからこんなエピソードが漏れてくることはない。

球団代表としては、選手はあくまでも球団と契約をしている個人事業主。そんな割り切り、あるいは余計な情が介在することを避けたのかもしれない。だが、功労者に対して礼を失した態度と思わざるを得ない。コラムから元木さんの思いも伝わってくる。

だが、選手に対する巨人のこのスタンスは珍しいことではない。

これまでＦＡで移籍してきた選手に対する扱いに如実に表れている。数々の選手が入団時の下にも置かない態度から手の平を返すように放出されてきた。かつての張本勲選手、落合博満選手、広澤克実選手、清原和博選手、そして小笠原道大選手……。枚挙にいとまがない。

監督も同様。

勝てない、使えないと判断すれば、長嶋さん、王さんもあっさりと切り捨てた。もちろん、第一次政権時代の原監督も、である。その後、長嶋さんや原さんは監督として返り咲いたが、王さんはその後、巨人とは袂を分かち福岡に新天地を求めた。巨人時代とは違い、監督として全権委任され、才能を発揮した。その後、後継の秋山さんを育てると、自身はソフトバンクの会長に就任した。大功労者に対しても礼を失した対応をしてはばからない巨人体質への反発とも思える。

終身名誉監督の長嶋さんは別としても、功労者への恩義に報いる姿勢が巨人の体質からはまったく伝わってこない。そう感じるのは私だけだろうか。「元巨人のキャリアだけで十分でしょ」ということなのだろうか。

「紳士」の風上にもおけない！

会社であれ、組織であれ、そこで働いてくれた人、貢献してくれた人に対して恩義の念を抱くのは当然のことだ。「いままでありがとう」「お疲れさまでした」の言葉は人としての最低限のマナーである。この言葉のない会社、組織は三流、四流である。

いかに発行部数が世界一の新聞社であろうと、視聴率三冠王のテレビ局を配下に持っていようとも、である。

そもそも、元木さんをがっかりさせたその球団代表ですら、切り捨てられた。挙句の果てに裁判沙汰である。そのツケがついに回ってきた。

現在、これまで巨人が旗頭にしていた「球界の盟主」を信じるファンは少ない。モラルを持って球団経営にあたるという点においてはもちろんのことだ。かつては独壇場だった資金力においても、いまでは間違いなくソフトバンクのほうが上だ。人気面、観客動員力においても、陰りが見えている。安定人気というならおそらくタイガースのほうが上だろうし、勢いならカープのほうがある。

まさに「驕る平家は久しからず」の様相を呈しはじめている。

元木さん、それ以前なら江川さんのように「巨人愛」で球団を選ぶアマチュア選手は激減している。「選手に冷酷」というイメージが深く浸透しているのではなかろうか。黒田投手がメジャーの破格のオファーを蹴って、カープに復帰するようなことは現在の巨人には起こり得ない。

「巨人軍は紳士たれ」

その言葉を改めて自分の胸に刻み直すべきときだ。

7 「アンチ巨人」「アンチ中央」を捨てたタイガース

昨今のタイガースファンの変貌ぶりに、私はこうした思いを禁じ得ない。

「じつに嘆かわしい」

プロ野球の長い歴史の中でも、阪神タイガースは、巨人と人気を二分してきた老舗球団である。間違いなく日本のプロ野球人気を牽引してきた球団である。ファンの熱血ぶりもすごい。その応援は日本一といわれ、甲子園球場でのそれは、欧州のサッカーチームのホームアドバンテージよりも迫力があるといわれたことさえある。

だが、永遠のライバルである巨人が、常勝球団として全国区の人気を得ていったのに対し、タイガースは違った。人気は原則的に関西に限定される。なかなか優勝には手が届かない。長嶋選手のサヨナラホームランで敗れた天覧試合が象徴的だ。つねに巨人の引き立て役にまわり、絶大な人気があるにもかかわらず、主役にはなれずにきた。

球団経営も独特だった。

浪速の商人というのか、大阪の気質というのか、銭勘定も伝統的にじつにシビア。契約更改でも、成績に応じて派手に年報がアップする巨人の選手に対し、あまり上がらないイメージがあった。潤沢な資金があるにもかかわらず、球団経営に資金をつぎ込んで拡大再生産を図ることもなかった。

それはそうだろう。タイガースというブランドはたしかに全国区ではあるが、親会社である阪神電鉄（現在は阪急阪神ホールディングスの子会社だが）の事業規模は小さい。48・9キロの鉄道営業と路線バス。百貨店一店舗。同じ関西エリアの阪急電鉄や近畿日本鉄道に比べて、鉄道事業者としてははるかに小さい会社だ。球団経営の利益を球団だけに還元することはできないのだ。

ましてや、強かろうが弱かろうが、お客さんは球場に足を運んでくれる人気球団である。それならば、必要最低限のお金をかけているほうが、もっとも大きな利益が得られる。経営陣がそう考えてもおかしくはない。

そのため、ＦＡが解禁となり、選手年俸の高騰が始まるまでは、自他共に認める渋チンな球団というのがファンの共通認識になっていた。

それまでのタイガースのイメージは、ある種、カープと共通したものがあった。お金を出せないのか、出さないのかの違いはあるにせよ、選手の補強に金をかけない。「お金の勝負はしないチーム」ということで共感できる部分があった。同じ球団経営でも、巨人とは対極化を図り、大阪らしい独自のやり方、文化を守りながらタイガースを発展させてきたのである。

ところがいまは違う。

巨人とまったく同じ手法になってきた。ＦＡ、海外からの帰国選手にちょっかいを出す。そして、札束攻勢で選手を獲得していく。カープからも金本、新井の両選手が移籍したが、ＦＡ導入翌年の石嶺選手を筆頭に、その後も山沖之彦、星野伸之、片岡篤史、小林宏、藤井彰人、日高剛の各選手。さらにはアメリカ帰りでも西岡剛、福留孝介両選手など、金に糸目をつけぬやり方で、片っ端から獲得に動いた。獲得には至らなかったものの、翌年も中島裕之、松坂大輔選手らにも、一度は食指を動かしたものである。

かつてのタイガースファンは、お金をかけてのチーム補強に関しては、どちらかというと嫌っていたものである。

「そういうのは巨人がやること」

ファンは生え抜きのタイガース選手を中心に応援したものである。

「猛虎魂」「負けの美学」は健在か

ところがいまは違う。

タイガースファン同士で野球の話は出るが、以前では考えられなかった会話が平気で飛び交うようになった。有力選手獲得の手法では「アンチ巨人」の立場を捨てた。

「今度は○○がほしい」「今年は△△がＦＡだ」

居酒屋でも、平気で他球団の選手を欲しがるような話をするのである。

チームを強くするために補強をするのは悪いことではない。だが、いまのタイガースはあまりにも節操がなくなってきている。「ミニ巨人化」しはじめていると感じるのは私だけではないだろう。

大阪の街が全体的に独自の色を失っていくのと同時に、タイガースもまた、変わってしまったような気がしてならないのである。

タイガース、そしてタイガースファンには、ミニ巨人化してほしくないのだ。「選手を応援する」のではなく、ただ単に、「阪神タイガース」の記号だけを応援するようになってはほしくないのだ。

昔のタイガースには、巨人とは違ったチームカラーで戦い、それで負けるなら、それでもいいという「負けの美学」が感じられた。金に飽かして他球団から有力選手を獲ってくるのではなく、タイガースカラーを全身にまとった選手だけで戦う。ついでにいうと、ローテーションを無視してでも巨人戦だけは必死に戦う、それが「猛虎魂」だったのではないだろうか。

「巨人＝東京なにするものぞ」という大阪人らしい気概があったはずだ。中央の権威への挑戦とも思えた。「東京に媚びない」。それがタイガース、タイガースファンのアイデンティティだったのではなかろうか。

村山実投手、江夏豊投手、掛布雅之選手、岡田彰布選手、あるいは「球界の春団治」の異名をとった川藤幸三選手など、まさに「猛虎魂」を体現している選手がいた。だが、いまのタイガースはその独自のカラーを失っている気がしてならない。

タイガースの変貌ぶりは、大阪出身の私としては残念でならない。

8 いまのプロ野球は「乱世」だから、面白い

「これでいいのだろうか……」

最近のプロ野球を観ていると、どうしてもそう感じてしまうことがある。プレイヤーは選手会ができて以来、選手の待遇改善やFAなどによる移籍の自由を手に入れた。以後、年俸はウナギ登りに高騰し、ちょっとした活躍をするだけで、簡単に1億円の大台にのってしまう。

ちなみに、2015年の年俸ランキングでのトップは巨人の阿部選手で推定5億1000万円。球界のスーパースター王貞治さんが現役を引退した1980年の年俸が8160万円。物価上昇度を考慮し、現在の年俸に換算しても、5億円には到底及ばなかったはずである。もっとも、契約更改の席上で王さんは、まったくといっていいほど、ゴネることはなかったというから、巨人に上手く抑え込まれていたともいえなくもない。

「王さんの年俸を超えてはいけない」

球界全体の年俸を抑制するという意味で、当時はこの不文律が上手く機能していた。そのため、カープでも、晩年の王さんよりも好成績を収めていた山本浩二さんでさえ、8000万円で契約更改をしたのは、王さんが引退した翌年になってのことだった。

当時の制度では、選手はどこの球団に所属するかは問題ではなく、日本プロ野球連盟に就職したということが前提にあった。選手にとっては納得できない部分がないとはいえないが、好きなチームというよりは、野球選手になるという時点で、職業選択の自由は果たされたと判断されたわけだ。だから、ドラフト制度導入後も、指名された球団に入団する以外は、プロ野球選手になる手段は存在しなかった。

選手の球団選択の自由という問題を度外視すれば、ある意味で、プロ野球チームの戦力均衡が、もっとも保たれていた時代だった。

ところが、その各球団の戦力の均衡化を快く思わない球団もあった。自球団が勝つことこそが、プロ野球界の発展の必須条件だと信じて疑わないようであった。

「移籍は選手の権利」

「メジャーでは当たり前のように導入されている制度」

ＦＡ制度導入を主張してきたそんな球団にプロ野球選手会も飛びついた。その結果、１９９３年から移籍の自由を認めるＦＡ制度がスタート。しかも、移籍の自由ばかりか、逆指名制度まで、同じ年に実現されることになった。

ともに一部の球団、資金力のある球団に圧倒的に有利な制度である。

日本のＦＡ制度には欠陥がある

ＦＡは、アメリカでは当たり前の制度で、選手の正当な権利だという意見もある。だが、それは違う。アメリカの場合、選手に移籍の自由を認める代わりに、各球団の戦力均等化や弱小球団へのフォロー策も用意されている。

そのルール作りは多岐にわたる。まずテレビ放映権。ローカルチャンネルは別だが、全国放送のテレビ放映権はコミッショナーが一括管理し、全球団に均等に分配される。また、一定額の年俸をオーバーした球団には「贅沢税」というペナルティを導入している。これは、戦力均等化、選手の年俸の抑制を主眼として制定された。

説明しよう。１９９４年アメリカのメジャーリーグＭＬＢは、アメリカンフットボールのプロリーグＮＦＬ、プロバスケットリーグＮＢＬなどの「サラリーキャップ」という制度導入を提案した。これに選手会が猛烈に反対し、２００日以上の長期ストライキを敢行。ワールドシリーズも中止された。２００２年「贅沢税」はその代替案として制度化された。「贅沢税」の収益は各球団に分配される。

これによって、資金力のある球団の選手獲得に一定の歯止めがかかった。同時に各球団の戦力均等化も実現した。この制度導入後、ワールドシリーズを制するチームは毎年入れ替わっている。いい意味での「乱世」である。さらに、ドラフト会議は成績下位チームから優先的に選手を指名できる完全ウェーバー制で、これも戦力の偏在化防止に効果を発揮している。

ところが日本球界は、ＦＡ制度、逆指名制度ばかり採用され、メジャーリーグのような戦力均等化を実現するための厳格な「足かせ」作りをしなかった。

均等化どころか、一部の金満球団への戦力の偏在化にさらに拍車がかかったのである。

こうした動きに対して、カープがとった行動は、カープファンを大いに落胆させた。

本来ならば、カープのような著しい不利を被る球団が中心となって、阻止しなければならないルールである。しかし、カープはアメリカのような代替の条件を要求することもなく、アッサリとこの制度の導入に賛成してしまった。勝てる見込みのない土俵に上がってしまう結果になったのである。

だが、金満球団の目論見は完全に外れた。金の力だけに頼り、常軌を逸した戦力獲得をした結果、他チームのファンばかりか、自チームのファンさえあきれ果ててしまったのである。これまでゴールデンタイムの主役だった全国中継の視聴率は低下。中継放送の機会も激減した。結果、放映権収入の魅力もなくなった。

巨人はもはや、球界のモンスターペアレント化した「裸の王様」と言い換えてもいい。

これを私はプロ野球界のビジネスチャンスと見る。

カープ人気の高まりをはじめとした各球団の観客動員数の増加という新しい風が吹きはじめた。多くの野球ファンが「巨人依存」の呪縛から解放され、巨人不在のゲームでも十分に野球を楽しみ、地元の、あるいは好きなチームの応援を楽しむようになった。これが健全なプロスポーツのあり方だ。

歪《いびつ》な一極集中からの脱皮がはじまった。「驕る平家は久しからず」ではないが、傲慢な権力者が力を失った。プロ野球界には多くのファンが心地よさを感じるスリリングな「乱世の風」が吹きはじめている。

第4章

「カープ女子」ばかりじゃない！
だから、カープファンはやめられない

HIROSHIMA TOYO CARP

1　「カープ女子」は「がんばる男」に魅了された

「カープ女子」が定着してからというもの、プロ野球界では「後に続け」とばかりに、女性ファンの開拓に力を入れる球団が増えてきた。オリックスは「オリ姫」、ＤｅＮＡは「ハマっ娘」などと命名し、新しいファンの開拓に力を入れ、まずまずの成功を収めている。阪神は「虎女」、ソフトバンクが「鷹ガール」である。

プロ野球だけでなく、「相撲女子」、「プロレス女子」と、どの業界も女性ファンの獲得には躍起になっている。

どういう形であれ、女性ファンの増加というのは、野球人気上昇の起爆剤となるものである。多くの人が野球に興味を持ち、球界全体が盛り上がるのは大歓迎である。

さて、カープ女子が増える理由として、私なりの答えがある。もちろん、第一に野球が好きというのが前提になるのはいうまでもない。

とくに女性ファンの場合、男性ファンに比べて、圧倒的に野球経験者が少ない。つまり、プレーをしたことがないからこそ、逆に女性らしい野球の楽しみ方があるのだ。

男性ファンなら、必ずといっていいほどプレーひとつひとつに注文をつける。

「なんであんな球に手を出すんだ?」「犠牲フライでいい、振り回さずに合わせていけ」「そこは外へボール球でいい。ストライクで勝負するな」……。

なまじ野球の経験があるから、評論家のように好き勝手なことをいう。

女性ファンにこういうタイプは少ない。ありのままに状況を受け入れ、素直に反応しているように思える。

チャンスで打てなかったり、エラーをしたりすれば落ち込み、チャンスで一発が飛び出せば大喜びをする。ファインプレーには拍手を送り、勝てば万歳三唱。負ければ肩を落とす。そして、次なる機会での勝利を信じて帰路につく。

彼女たちは純粋に野球を楽しみ、選手の一生懸命さ、ひた向きさに共感する。そして、グラウンドにはシンプルに「がんばる男」の姿がある。

少し前までは「がんばる男」はどこにでもいた。受験勉強、アルバイト、家業の手伝い、ちょっと時代を遡れば、モーレツ社員、学生運動……。なんであれ、無心に、一生懸命に

「がんばる男」は日常的な光景だったのである。

そんな姿が最近は、めっきりと減ってしまった。

四の五のいわずに愚直にがむしゃらにがんばることが、かならずしも称賛される対象ではなくなったのかもしれない。

カープ女子を魅了するスポーツマンシップ

仕事においてもその傾向は顕著だ。せっかく苦労して就職した会社も、新卒大学生の３年以内の離職率は３割を超える。最近では、入社した当日に退職する新社会人もいるという。

恋愛も及び腰。20代から30代の男性では、全体の３割もの人が、はじめから結婚を諦めているという。

大学の受験戦線でもそうだ。一部の有力中学校、有力高校出身者だけが難関大学に合格する傾向が強まっている。地域差、学校の格差が増す。少し前までは、まだ地方の公立高校の生徒もがんばっていた。大学進学では無名の高校からも東大合格者は誕生したものだ。

有力校には入学できなかったものの、不利を承知でがんばってみるという受験生も激減したようだ。

大都市圏集中型の政治、経済が学校の格差を生み出したということなのだろう。昔は地方出身者のほうが「都会に出てがんばろう」というイメージだったのに、いまや彼らは地方に残り、適当にやっていればいいという思いの「マイルド・ヤンキー」と呼ばれるようになっていった。

一億総がんばりの時代は遠くに去ってしまった。

だが、スポーツの世界にはがんばりが健在だった。良きスポーツマンシップである。とりわけカープ女子には先見の明があったのかもしれない。巨人中心の野球界の洗礼も受けていない。カープ選手のがんばりに、あるとき魅了されはじめたのだ。

有名選手はほとんどいない。メディアの露出もない。がむしゃらな練習量と努力で這い上がろうという姿に心を奪われたのだ。久々に見たがんばる男の姿である。イケメン選手もいた。彼女たちは母性本能が刺激されたのではないだろうか。

次第に、カープというチームに「ハマッて」いった。球団もそのムーブメントを見逃さなかった。新球場効果で集客数もアップ。ファンサービスも充実し、テレビではカープ芸人が話題にもなった。まさに時代が求めていたかのように、カープ女子を熱くさせる環境が出来上がったのである。カープ女子という存在が注目され、全国に知れ渡った。応援に拍車がかかる。

カープ女子は巨人ファンとは違う。

記号としてのカープ球団ではなく、好きな選手のいるカープという球団を応援していると感じる。自分のメガネにかなった選手への応援が原点にある。

無名であっても「がんばる男」がいるチーム。カープ女子は一過性のブームなどではない。まさしくこれは、新しい野球文化の誕生といっていいだろう。

2 野球界への貢献と見事なポジティブ・シンキング

カープファンほど、プロ野球界に貢献している存在はない。

ホームゲームはもちろんのこと、ビジターでのゲームでも、レフトスタンドから3塁側の内野指定席は赤のユニフォームを着たファンが埋め尽くす。こういってはホームチームのファンには申しわけないが、神宮球場や横浜スタジアムでは、カープファンのほうが多いと感じるゲームも少なくない。主催者にとっては、カープファンはじつにありがたい存在なのだ。

かつてはプロ野球の実況中継（といっても巨人戦だが）は高視聴率を記録していた。テレビ放映権がゲームを主催するホームチームにとって大きな収入源だったのである。視聴率の低迷でテレビの中継はめっきり減った。テレビ放映権収入がなくなってしまった球団にとっては、野球場に足を運んでくれるファンが頼りだ。

チケット収入ばかりではない。グッズを購入し、お弁当からビールやジュースといった飲食までしてくれる。そうした事情もあり、これまで主催者が提供するイベントはホームチーム一辺倒だったが、ビジターチームにも多少優しくしてくれるようになった。ラッキーセブンには応援歌を流してくれるし、ビジターチームの勝利の際にも、場内でもヒーローインタビューを流してくれるところも出てきた。チケット販売に関しても、ビジターチームのファンのための応援席を用意してくれている。

考えてみれば、遅きに失したといっていい。

ホームチームであろうがビジターチームであろうが、ファンは同じ料金を払ってゲームを見に来てくれる。マツダスタジアムなら、８０００円の正面砂被り席から１７００円の内野自由席まで、どこのチームのファンでも同じ料金である。勝負事だから、明暗もはっきりと出る。勝者は満足し、敗者は悔しい思いをする。相手チームにバカスカ打たれてワンサイドのゲームであっても、返金してくれることもない。せめて「応援するチームが負けたときには、次回のチケットは半額」というようなサービスがあるなら話も違うのだが、そんなことはない。それでも、ファンは球場に足を運ぶのだ。

とりわけ、カープファンは全国どこの球場にも、足繁く通う。そして、熱心に応援をする。日本でもっとも優勝から離れているチームであるにもかかわらず、その数は年々増加する一方だ。

東京ドームでも同様だ。

２０１４年こそ、４勝４敗１分けと五分の成績だったが、２０１３年は３勝８敗１分けと大きく負け越した。ちなみに、２０１２年５月３日から２０１３年７月24日まで、足掛け２年で、じつに14連敗というありさまだった。観戦に赴けば必ず負けるのに、それでも球場に足を運ぶ。いくら負けても明日を信じて……。

多くのカープファンの心理はいじらしいほどだ。いつか止まる連敗のゲームの場に自分が居ないということが許せないのだ。

５割以下の勝率でも応援はやめない

カープファンの応援心理は、巨人ファンのそれとは明らかに違う。３回観に行けば３回、５回なら５回の勝利を求める。たまに観戦したゲームで負けようものなら、まるでおみくじで「凶」でも引いたような気分なのかもしれない。自分の運のなさを嘆く。応援したのに勝てなかったことへの落胆ぶりは他のチームのファンとはまったくのそれとは比較にならないほどだ。勝利の味に慣れ過ぎてしまっているのだ。巨人ファンは「観戦＝勝利」でなければならないのだ。

翻って、カープファンの場合はどうか？

もちろん、ファンは勝利を願っている。しかし、ここ数年、その願いが叶う確率は５割以下だ。その原因も知っている。乏しい戦力、層の薄さを嫌というほど知っている。さらに勝負弱さ、チキンハートとまでいってしまうといいすぎだが、踏ん張りのなさは誰よりもよく知っている。

それを知った上で、５割以下の確率に出会うことを願って球場へ足を運ぶのだ。何度裏切られようが、一度の成功で、それまでの悔しい思いを忘れ、心底喜べるのである。そしてまた次も、何年ぶりかの東京ドーム連勝を夢見て、その生き証人となるべく球場に足を運ぶ。

「負けたけど、菊池の守備はすごかった」「負けたけど、エルドレッドの一発はすごかった」「負けたけど、堂林の三振は豪快だった」「負けたけど、永川はがんばった」

「観戦＝勝利」ではなくとも、カープファンは選手への応援をやめることはない。敗戦の中での「よかった探し」の才に長けているのだ。

暴論の誹りは免れないかもしれないが、あえていいたい。

「カープファンは組織で仕事のできる人間たちだ」と。

ひたむきさ、あきらめない粘り強さ、打たれ強さ、ないものねだりはしない、短所を嘆くのではなく長所を愛でるポジティブ・シンキング、そしてチームへの愛情。会社や組織で働く人間に求められる資質を見事に備えているのだ。

そうして、地元はもちろん、北は札幌から、南は九州まで、その一度を目指して通い各球団の売り上げに貢献している。どんな逆境にあってもポジティブ・シンキングを身に付けた存在。常勝チームのファンには備わっていない資質だ。それがカープファンである。

3　正しい「心配性」のススメ

２０１５年の４月に私は日本精神神経学会主催の精神科医の研修のためのセミナーに出席した。若い精神科医を対象に、精神療法の基本を教えるというセミナーだ。私が出席したのには、二つの理由がある。

一つは、精神科の専門医としてのポイント獲得のためだ。これが足りないと、精神科の専門医の資格を取り消されてしまうという事情がある。

もう一つは、学会の精神療法の専門家が、若い精神科医に対して、いかなる講義をするのかに関心があったからだ。

学会において、精神療法の基本を教えるという方向性も、生物学的精神医学に偏っている現在の日本の精神医療を考えれば、大賛成だ。

「『Dr・倫太郎』というドラマがあるが、あんなに四六時中、患者のことを気にかけている精神科医などいない」

セミナーで、講師のひとりがそんな趣旨の発言をした。さらに、こうも付け加えていた。

「ああいう番組が、患者に誤解を与えるのだ」

このドラマの脚本を手掛けた中園ミホさんと私は親しい。そんな縁で、私の大学院の博士課程で学ぶ優秀な臨床心理士とともに「協力」という形でドラマ作りに参加している。

たしかに、医師はすべての患者さんのことを24時間気にかけているわけではない。医師とて普通の人間である。だが、状態が予断を許さない重症患者や自殺の可能性のある患者なら、そのことは頭から離れない。まともな医師なら当然だと私は思う。

もともと私は気が小さい人間である。だから、あらゆる可能性を想定し、細心の注意を払いながら患者さんに接してきた。その意味では、私は「心配性」である。

医師としてはもちろんのことだが、どんな職についている人間であれ、基本的には心配性という特性を持つことは歓迎すべきことだと私は考えている。

そうした特性を持つ人間には、「完璧」は存在しない。だから、仮説を疑う。見直しをする。反省をする。

大切なのは「準備段階」で何をするか

試験を例に取ろう。

問題をやり終えても、見直しをしなければ、つまらないミスをしてしまうかもしれない。心配性は細かいチェックができる。「完璧」を信じていないからできるのだ。とはいっても、確認作業の中で不安が生まれることもある。答えの選択肢を広げてしまい、失敗してしまうケースがないとはいえない。つまり心配性が裏目に出ることもある。だが、見直しは相対的に有効である。

野球の実戦と試験では、ちょっと違う。野球の実戦では、見直しはできない。カープの選手のミスは、心配性が必要以上に実戦で顔を出すことが原因になっているように思える。主力が若い。迷いが生じてしまい失敗をする。なんでもない打球をエラーする。チャンスでは、フルカウントからボール球に手を出して三振する。

そういうミスがあるから結果として、あと1点が取れない。接戦をモノにできない。同じような負け方をしてしまうのだ。

なんであれ、実践、あるいは実戦のときに、「あれも」「これも」と際限なく考えていると失敗を招く。心配性は準備段階だけでいい。

野球でいえば、あれこれ考えたり、工夫したりというのは、練習のときだけでいい。ゲームでは、余計なことは考えない。実戦を想定した練習できちんと鍛えていれば、身体は状況に反応してくれる。そう信じればいい。

「無我夢中でした。身体が上手く反応してくれました」

ヒーローインタビューの言葉が象徴的だ。ものごとの成功とは、そういうものなのだろう。

私は患者さんと接していないときにも患者さんのことを考えている。だが、誤解を怖れずにいえば、患者さんに対したときはあれこれ考えないで、そのときに思いついた最善の言葉でいうようにしているともいえる。

「四六時中患者のことを考えている医者はいない」というのは、そういう医者もいるというだけの話だ。

準備段階においては正しい心配性であったほうがいいだろうし、あらゆる事態を想定しておけばいいのだ。

4 「試行力」で能力のステージを高めよ

「今年は違うぞ」

2015年のプロ野球開幕前。カープファンの胸は期待で一杯だった。前年、カープは敗れはしたものの2年連続でクライマックスシリーズに出場した。なによりも若手選手の成長ぶりが著しかったことで、優勝へのファンの期待感はいやがうえにも高まった。

まずは野手。菊池選手、丸選手のいわゆる『キクマルコンビ』が、ゴールデングラブ賞を獲得。課題の長距離砲も、本塁打王を獲得したエルドレッドにロサリオが計算できる存在になったほか、新入団の外国人選手としては初の1億円の大台で契約したグスマンの加入。加えて、『ポスト石原』として、久々に『打てる捕手』として、正捕手争いで會澤翼選手が頭角を現してきた。

そして投手陣。先発陣については絶対的エースの前田健太投手を筆頭に大瀬良投手、ヒース投手、野村投手。これに「絶対に不良債権はない」と、球団、ファンも認める「任せて安心、シュール便」こと、スカウトのシュールストロム氏のお眼鏡に適ったジョンソン選手とサガースキー選手が加わるとあれば、層が薄くなることはまずありえない。

誰もがカープの戦力強化、そして１９９１年以来の優勝をという思いを強くした。

カープ優勝論を決定的にしたのが、日本中をおおいに沸かせた、黒田博樹投手の電撃復帰だった。

球界一のムーブメントともいえるカープ人気はさらに過熱し、優勝が射程距離に入っているという期待感は、ファンのみならず選手にも芽生えていたと思う。それを口にする評論家も何人かいた。

「これで優勝できなかったら、この先10年は無理だろう」

私もそう感じていた。

だからといって、不安がまったくないわけではなかった。たしかにレギュラー選手は力を付けてきている。しかし、ライバルチームを圧倒するような戦力ではない。控えレベルの選手層の薄さも気になる。ちょっとしたきっかけ一つで後戻りしてしまう可能性も感じられた。

そんな私の不安が的中した。

キャンプ中のエルドレッド選手の故障がつまづきの始まりだった。

開幕早々、新外国人のグスマン選手も早々に離脱。新生カープとしてスタートダッシュを決めたいところだったが、ファンの期待は裏切られた。なにしろスタメンの野手８人のうち、４人が１割台の低打率。飛躍が期待されたキクマルコンビも打率は２割台前半。これではスタートダッシュなど、望むべくもない。

３点取られたら負けを覚悟しなければならないチームの体質は、新シーズンを迎えても変わってはいなかった。

先発陣は他チームと比べても遜色はない。だが、いくら先発陣がクオリティースタート（６回を３失点以内に抑えること）で責務を果たしても、セットアッパー、クローザーが心もとない。先発陣としては勝ち投手になる道が遠いのである。それでもなんとか踏ん張って投げているが、先発陣の我慢にも限界がある。長年の課題である後続投手陣の不安が解消されていない現状では、先発をできるだけ長く引っ張ることになる。長いペナントレースを考えれば、先発陣にかかる負荷は計り知れない。

カープファンは前向きの失敗には寛容だ

現在のカープはたしかに強くなった。だが、圧倒的な戦力と破壊力で、一方的に勝ちまくるわけではない。チャンスは作るものの、あと1本が出ないというジレンマに陥りながらも、やっと奪った少ない点数を守り切るゲームの連続。

ゲームの途中まで勝っていても、「いつ逆転されるか」と落ち着かない。グラウンド上にいる選手が精神的に「ジタバタ」している様子がうかがえる。

こうした悪いスパイラルから脱却するために、カープの選手には「試行力」を提案したい。心理学者としての私の提案である。

「思考力」や「発想力」と同様に試行錯誤をする能力にも個人差がある。高い「試行力」が身についている人は、失敗を怖れない。これまで自分がやってきたこと以外のことにチャレンジする能力に長けている。そして、失敗しても勇気を持って別のやり方を試す。そのプロセスの中で、一段高いステージでの成功に近づいていくのだ。

さまざまなビジネスにおいてももちろんだが、画期的な研究や発明においても、それを実現する人間には高い「試行力」が備わっている。失敗の洗礼を受けない成功など存在しないのだ。

幸いなことに、カープは常勝を義務付けられているチームではない。ファンにとっては寂しいことだが、それは事実だ。そして、ファンも選手の前向きなトライに関しては寛容だ。たとえ、トライの結果がエラーになったとしても、新しいことにトライせずに何度も同じ失敗を繰り返すチームや選手よりも、失敗を覚悟で試行してくれる選手を見ているほうが、応援していてもはるかに精神衛生上もいい。

その中で成功という結果が得られる。ファンはそれを望んでいるのだ。

5　カープファンは野球を「頭で観る」

「カープの野球はイヤらしい」

目の肥えた野球ファンはそういう。私はそのイヤらしさをこよなく愛する。

ランナーが出塁すると、まずは足で揺さぶりをかける。隙があれば走り、送りバントと見せかけておいて、バスターやエンドランでチャンスを広げる。少ないチャンスを生かして、まず1点を取りにいく野球である。

WBCでも成果をあげた日本チームの「スモールベースボール」。それはカープ野球の原点でもある。「頭を使った野球」でもある。

ところがいまは、大味な野球が主流である。

150キロを超える剛速球でねじ伏せる。とにかく遠くに球を飛ばすバッティングをする。

緻密なプレーよりも、力任せの野球が主流になっている。日本式の野球ではなく、アメリカ式のベースボールを目指す選手が増えたことが原因だ。

豪快な野球を否定するつもりはない。迫力もあるし、力対力を満喫するには十分かもしれない。だが、見方を変えれば、頭を使わない体力だけの野球ともいえる。そういう野球はメジャーにまかせておけばいい。

「創意工夫」において、日本人は他に類を見ない能力を持っている。古くから海外から伝わった文化を独自に咀嚼し、改良してきた。

資源の乏しい国が、ここまで経済発展を遂げた原動力は日本人の創意工夫だろう。

中には、携帯電話のように高度な独自進化に世界の市場がついてこられず「ガラパゴス化」した例はある。しかし、国際基準に無理に合わせたいまのスマホよりは、はるかにトラブルが少なかったし、使い勝手もよかった。このように、あらゆる産業において創意工夫を繰り返し、世界がリスペクトする文化を築き上げてきたのである。


日本の野球もまた、アメリカのベースボールとは異なるものに進化させてきたといえる。私はそんな日本の野球を愛している。

カープの野球はまさに創意工夫に満ちた野球である。カープの「頭を使う野球」は素材

だけには頼らない。素材と料理人の腕とで日本料理の伝統の粋を凝らした懐石料理のようだ。

頭を使う野球は「カープ発」なのだ

頭を使う野球といえば、野村克也さんのＩＤ野球が有名だ。だが、野村野球以前から、カープは考える野球をやってきていたと私は思う。

基本は、相手が嫌がることを徹底的にやる野球。

とにかく、細かいプレーをする。たとえば、走者はリードで投手にプレッシャーをかける。打者も、バントと見せかけてはバットを引く。そのたびにダッシュをしてくる野手はうんざりしてしまう。投手もランナーが気になり、投球に集中できない。他球団とは比較にならないほど、随所に頭を使った、しかも、心理学を上手に利用した細かなプレーが見られる。

攻撃の引き出しが多いから、相手は対応に疲れる。

相手の隙を徹底してついてくるのも得意だった。

ファンとして忘れられないゲームがある。2012年7月3日。松山で行われたタイガース戦。

9回表、2アウトでランナーは2、3塁。3対2と1点を追うカープ。だが、バッターの梵選手は三振を喫す。ところがボールを小宮山捕手が後ろに逸らしてしまう。懸命に1塁に走った梵選手はセーフ。振り逃げが成立した。3塁ランナーは、ホームインして同点となった。

ここまでならよくある話だ。だが、ここからがカープ野球の真骨頂。

小宮山捕手の動作が遅い。同点は仕方がないと緩慢な動きだ。それをみるや、2塁ランナーの菊池選手までもが本塁突入。ホームインだ。バッター三振なのに、2点が入り逆転してしまったのである。

「まさか帰ってこないだろう」

小宮山捕手が油断をした隙をついた、カープらしいプレーだった。

攻撃ばかりではない。

2015年年の5月10日。甲子園球場での試合では、守備でも頭を使った野球を見せた。主役は同じく菊池選手。

9回裏ノーアウトランナー1塁の場面。ショートへの深い打球をカープの田中選手が捕球し、2塁へ。タイミングは完全にセーフ。そう判断した菊池選手は、ここでひと芝居。田中選手の送球を後逸したかのように、ライト方向を目で追う。これを見たランナーの中谷選手は、3塁を陥れようと離塁した。だが、2塁を離れた瞬間、菊池選手は中谷選手にタッチ。ライトに抜けたと見せかけたボールはすっぽりと、菊池選手のグローブの中に納まっていたのである。

ずるいプレーだと思うかもしれないが、それは違う。相手選手の動きを確認した上で仕掛けた巧妙なトリックプレーだ。瞬時の判断で、次の行動に出る。ひと言でいえば「頭がいい」のである。

「次はなにを仕掛けてくるのか？」

ファンはそういう野球を観てきた。ファンもまた頭を使って野球を観てきたのである。だからというわけではないと思うが、カープのファンには、インテリと呼ばれる文化人や芸能人が多いと指摘する野球評論家がいた。

思いつくままにあげてみよう。

久米宏さん、筑紫哲也さんなどのキャスター、アナウンサーでは福井謙二さん。村上龍さんや、谷村志穂さんといった作家や、ジャーナリストの二宮清純さん。歌舞伎俳優の中村橋之助さん。古くは紀伊國屋書店の創設者である田辺茂一さんや大女優の杉村春子さんもカープファンだった。

いまではカープ芸人ばかりが話題になるが、いまにはじまったことではない。カープの頭を使う野球は、多くの人たちを虜にしてきたのである。

6　知識とスキルの正しい伝播

私が知るかぎり、カープの新人選手の育成方法は間違っていないと思う。

どんな素質を秘めた選手でも、しっかりとしたシステムで育成するという原則が守られているからだ。社会人、大学で一流の活躍をしてきた選手はともかくとして、カープは「促成栽培」のような選手育成をしない。

かつてカープは、ドミニカ共和国に野球学校『カープアカデミー』を開設していた。そこで育ったアルフォンソ・ソリアーノ選手は、カープ在籍後、メジャーリーガーとなり有力選手に成長していった。選手育成において、カープには先見の明があったという一例だ。カープ在籍時は目立った活躍はなかったものの、その後はニューヨーク・ヤンキースの主軸バッターとして活躍した。

「見て、盗んで覚えろ」

どんな世界、どんな業種であれ、スキルを身につけさせるために、先輩や上司がそんな言葉で新人を突き放すことがある。とくに職人の世界などでは、ポピュラーなことかもしれない。口で説明し、手取り足取り教えても、知識やスキルは身につかないというわけだ。ただマニュアルを教えるのではなく、試行錯誤を繰り返しながら、自分で考えてやらなければ身につかないという発想だ。一理ある考えだと思う。

だが、万事に当てはまるとは思わない。

たしかに、知識やスキルの習得者を見ているだけでそれを身につける人間もいる。だが、それができるのは、ごく一部の人だろう。中には、突き放されたがために、聞くに聞けず、間違ったままに覚えてしまう人もいるだろう。困るのは、自分が間違っていることに気づかないことである。知ったかぶりをして、後輩に教えでもしようものなら取り返しがつかない。間違った知識、間違ったスキルの伝播である。

今年の2015年5月にそれが起こった。日本年金機構の個人データ流出事件である。侵入してきたウイルスによって125万件にも及ぶ個人データが流失した。仕事の効率化に支障があるという理由で、ずさんな個人情報のデータ管理をつづけ、情報流出回避の策を施さなかった。外部との接続が可能なパソコンを使用し、容易に露呈するパスワードを設定し、ディスクで保存していたというからあきれる。

日本年金機構内ではこの常識が伝播されてきたのである。流出などあってはならない年金加入者の個人情報を独占的に管理する組織とは思えない。とんでもないヒューマンエラーである。挙句、流出が確認されたにもかかわらず、公表もせず2週間も解決策を講じなかった。個人情報の重要さと、対応策さえ理解していれば、起こりえなかった問題だ。

日本年金機構の責任は重大だ。危機意識を前提にしたシステムの開発者や管理者が、組織のどこにも存在していないことを証明している。

「見て、盗んで覚えろ」

この教えは、たしかな技術とそれを身につけた人間が存在するシーンだけでの話なのである。日本ではこの考え方が強い。

だが、私がアメリカに留学して痛感したことは、アメリカの少なくとも医学教育の世界では、きちんと知識やスキルを伝承することこそが研修の目的と考えているということである。

プロ野球でも、超高校級といわれる選手が入団すると、球団としては早く一軍で使いたくなるものだ。スキルが通用するのかを試したいのだろう。話題性があるうちに使えば、集客も見込める。そんな算盤をはじく営業サイドの思惑もある。だが、技術の裏付けもないまま、それをやれば大きな代償を払うことになる。そうした球団の浅知恵の犠牲になった選手は山ほどいる。

人材育成の基本原則とは何か

カープでは高卒新人の場合、即一軍はほとんどあり得ない。最低でも1年はファームでプロとしての身体を作らせる。

とくに投手は二軍戦でどんなに好投しようとも、焦らずにじっくりと育てる。コーチが詳細な育成プログラムを用意し、計画的に鍛え上げていく。いまや押しも押されもせぬエースとなった前田健太投手も、例外ではない。いきなり一軍で大活躍する田中将大投手の姿をよそに、二軍で徹底的に鍛え上げられた。結果として、それが正しかったといえる。もし、即一軍という選択をしていたら、いまの前田投手は存在しなかったと思う。

実際、高卒ルーキーの投手を一軍で投げさせる球団は多い。だが、私はそうした選択には首をかしげたくなる。たしかに、田中投手にせよ、ダルビッシュ有投手にせよ、一年目から活躍し、メジャー移籍まで果たした。だが、二人とも肘や肩を壊している。ファイターズの大谷投手やタイガースの藤浪投手などが、1年目から結果を残しているが、いまは若さだけで対応している時期。これが5年、7年、10年となると、その代償を払うことになりはしないか？「肩は消耗品」という説もある。

これは一般の会社でもいえることではないか。前述のアメリカの医者の研修のように新人に正しい知識とスキルを身につけさせたいのであれば、ただ「見て、盗んで覚えろ」は通用しない。しっかりとした育成プランを用意して指導すべきだ。

上司や先輩から正しい指導を受け、正しい仕事の進め方を身につける。これが知識とスキルの正しい伝播である。愛社精神も育まれる。私の経験からいっても、新人育成プログラムがしっかりとしている会社は不祥事を起こすことがない。

「わからないことがあったら、なんでも聞いてくれ」

上司、先輩として指導する側としては、こんな言葉も要注意だ。新人には優しいようだが、対応次第では責任回避の言葉になる。

相手は新人である。なにがわからないのかもわからないのである。

わからないことがないように教えるのが正しい社員教育なのだろう。

7 唯一の「地方球団」はなぜ人々の心を惹きつけるのか

「故郷欠乏症」

私は精神科医だが、精神科にそんな病名はない。

だが、多くの現代人の精神的状況を考えるとき、そんな名前が浮かんでくることがある。

そして、それが全国的にカープファンが増えている要因のひとつではないかと感じることがある。あまりに唐突かもしれないが、故郷を持たない人たちは、カープという地方にしっかりと根ざした球団にノスタルジーのようなものを抱くのではないかと思うのだ。

昔は誰にも、田舎というものがあった。たとえ東京や大阪といった大都会で生まれた人間でも、親が地方出身という人が多く、盆や正月には帰省していたものである。

ところが、いまでは親も含めて東京や大阪が「故郷」という人の割合が高くなってきた。世代も進み、ルーツは田舎であっても曾祖父母、祖父母もいなくなり、帰るところがなくなってしまっているのである。

実際、東京都の人口に対する地方出身者の割合はたしかに高いが、いまでは新規での流入は減少傾向にある。一段落ついたというべきだろうか。その傾向は大学進学にも表れている。全国ブランドでかつては日本中から集まってきた早稲田大学、慶應義塾大学でも、現在では付属高校からの進学が3割にも達している。

まずは経済力の問題だ。地方では、子供を東京に送り出すだけの余裕がなくなっている家庭も少なくない。地方が疲弊し、仕事も減り、収入も安定しなければ親としても、子供を簡単に東京や大阪の大学に通わせてあげられるような状況ではなくなるのだ。

就職で東京に出てくることはあっても、進学で東京に出てくるという人が大幅に減っているのはそのためなのだ。

故郷を失った、もしくははじめから故郷を知らない人にとって、カープという田舎のチームは、ある意味で、感情移入できる格好の存在だ。

近所の長者様のような、ボンボンのお金持ち家庭ではなく、ひと昔前の、どこにでもある田舎の家庭を思わせてくれる。

田舎を知らない、故郷を持たない人たちにとっては、カープの持つそんな雰囲気こそが、たまらないのではないだろうか。

「そんなことをいうが、北は札幌から、南は九州博多まで、地方球団はある」

そんな意見もあるだろう。北海道の日本ハム、仙台の東北楽天、名古屋の中日、福岡のソフトバンク。確かに東京、大阪以外にも球団はある。いや、人口２００万人の名古屋をホームとする中日は地方球団から外れるとしても、それ以外のチームも、やはり地方球団とはいいがたい面を持っている。

なぜなら、ソフトバンクにしても東北楽天にしても、たしかにホームはそれぞれ福岡市と仙台市だが、経営母体である楽天、ソフトバンクグループの本社は東京だ。日本ハムは大阪に本社、東京に支社を構えているバリバリの都会の企業だ。歴史的に見ても、球団経営に参入して日は浅い。しっかりと地方に根ざしているとはいいがたい。

巨人、阪神、東京ヤクルト、横浜ＤｅＮＡ、オリックス、千葉ロッテの各球団も、本社は東京か大阪だ。埼玉西武の経営母体である西武鉄道の本社は埼玉県所沢市だが、ここは東京のベッドタウンで東京文化圏といってもいい。

そう考えると、純粋な地方球団というのは、やはりカープだけということになる。

都会で育ち田舎を持たない人たちが、ふと、田舎に憧れ、想いを馳せたとき、地方で頑張っているカープという存在に気付いた。他のどの球団とも違う厳しい状況の中で頑張っている地方球団。そこで、強大な経営母体も持たず、地道に選手を育て、生え抜きの選手を中心に頑張っているカープの姿が彼らの琴線に触れたのではないだろうか。

カープには郷愁を覚えるのかもしれない

「東京や大阪がすべてではない」

東京、大阪以外の地で「ドッコイがんばっている」姿に郷愁のようなものを感じたのではないかと思う。東京が故郷になった人たちにとって、不思議な懐かしさを感じさせてくれるチーム。それがカープだったのではなかろうか。

だからなのだろう。昔から東京近郊には比較的、カープファンだという人が多かった。今でこそ全国規模で広がったが、前回優勝した91年の頃も、関東近郊、神宮球場や横浜スタジアムでは、レフト、三塁側に多くのカープファンが詰めかけていた。当時はまだ、マツダスタジアムなどなく、チーム財政も逼迫していた時代。カープ女子やカープブームと騒がれる前でさえ、カープは都会のファンの心を掴んでいたのである。

ちょっと大げさにいえば、万事においても「都会優位」という風潮に疑問を感じ、一石を投じたいという人たちの自然なムーブメントだったともいえそうだ。外交問題を中心になす術のない政治の貧困、地方には何の恩恵ももたらさない経済の混乱が、東京中心の世の中への疑問という視点を芽生えさせたといえば、言い過ぎだろうか。

唯一の地方球団であるカープへの熱い視線は、そんな背景も影響しているのではないか。私はそう感じている。

8　カープファンの「慢性持病」。その特効薬とは？

よほどの難病患者でもないかぎり、よほど無能な医師でもないかぎり、病気の原因がわかっていれば、病状を改善すること、あるいは完治させることは可能だ。私の専門である精神科はそう簡単ではないが、手立てはいろいろとある。

カープファンには慢性の持病がある。それは「心配性」である。特効薬はある。球団トップもそれを承知しているが、なんといってもお金を出さない。病気の原因はわかっていて治療法はあるのに、放っておかれるファンは耐えるしかない。

それでも、大差をつけてリードしているゲームなら、心配性の症状は出ない。だが、そんな日は数えるほど。だから、ファンは「ゲームセット」のコールまでその症状に悩まされる。

「このまま、終わるはずがない」

これは、絶対的な戦力のないチームを応援するファンに特有の慢性持病である。ファン歴が長ければ長いほど、その症状は重い。私もそのひとりだ。

投手陣に球界を代表する実力派投手がいて、山本浩二さんと衣笠祥雄さんが主軸に名を連ねていた１９７０年代から80年代にかけては違った。カープファンが心配性の症状を訴えることは稀だった。だが、それ以後はまた持病の症状がぶり返してきた。２０１５年はとくにひどい。重症といってもいいだろう。

先発陣は揃っていて、ある程度のゲームは作る。心配性の症状はまだ出てこない。だが、リードしていても、中継ぎ、抑えの投手陣が登場すると症状が出てくる。攻撃陣がなんとか追加点、ダメ押し点を叩き出してくれれば、症状は少し和らぐ。だが、セーフティーリードは望むべくもない。攻撃陣の決定力不足だ。中継ぎ、抑え投手陣の不安、攻撃陣の決定力不足は１点差での負け試合をこれでもかと量産する。１点差の負けは監督の責任とよくいわれる。だが、ことカープに関してだけは、それをいうのは監督に気の毒だ。

２０１５年の６月23日。それを象徴する敗戦があった。

長野で行われたタイガース戦。延長戦とはいえ、とうとう１試合21残塁という日本タイ記録を樹立した。（９イニングゲームでの残塁記録は２０１４年７月15日、マツダスタジアムでの対カープ戦ＤｅＮＡが記録した19）。

この慢性持病の症状は、90年代以降今日まで改善の兆しは見られない。およそ四半世紀もの間、優勝から遠ざかっているのは当然だ。私なら簡単にその処方箋が書ける。

巨人のように「欲しい、欲しい」とはいわない。攻撃面では、たった一人だけでいい。きちんと打てる選手を連れてきてほしい。最先端医療を求めているわけではない。「保険適用」の選手でいい。購入すべき薬の種類を間違えている。

中継ぎ、抑えについてもぜいたくはいわない。一人ずつでいい。

補強ポイントははっきりしているのだ。以前の貧乏球団の頃なら贅沢もいえない。ない袖は振れないのだから、諦めるしかない。だがいまは違う。営業的にも好調だ。袖はあるのだ。完治させるための処方箋があるのに、その特効薬を購入しないのは経営者の怠慢だ。

特効薬はある。オーナーよ、処方箋にサインを！

世襲で苦労することなく就任した現オーナーだが、カープの飛躍の条件は揃っている。スタジアムも新しくなった。広告収入や売店収入も潤っている。グッズも売れ、シーズンシートも完売。カープ女子は増殖中だ。黒田投手も帰ってきた。

普通の経営者なら、このタイミングで的確な補強をして戦力強化を図る。だが、そんな素振りも見せない。会社や組織の弱点を前にして、修正箇所が明確であるにもかかわらず、手をこまねいている意思決定者は無能の烙印を押されてもいたしかたない。

「惜しい」「あとちょっとで……」

優しいカープファンは、慢性持病に悩まされながらも熱い声援を送る。だが、症状がこれ以上進めば、その持病にも耐えられなくなるかもしれない。いまは健康体のカープ女子をはじめとする新しいファンが罹患する恐れもある。

「どうせまた……」

こうなってからでは遅い。マツダスタジアムに閑古鳥が巣を作りはじめるかもしれない。

たしかにカープには、慢性持病がある。だが、処方箋は病院の優秀な主治医であるカープの首脳陣、スカウト陣ならすぐに書ける。オーナーという名の病院理事長がその処方箋にサインをするだけだ。

9 「嫌い」でもいい。だが「無関心」はいけない！

プロ野球の視聴率の低下が叫ばれ、ゴールデンタイムでは必ずといっていいほど放送していた巨人戦も、地上波では数えるほどしか観ることはなくなった。これも、野球に関心がなくなった人が増えた結果だ。巨人ファンが減り、他球団に鞍替えしたというだけなら、まだいい。巨人が負けるところを観たいというファンもテレビをつけてくれる。しかし、プロ野球そのものに興味がなくなってしまった人は、テレビすら観てはくれない。いまは二昔前のように野球観戦だけが唯一の娯楽という時代ではない。代わりはいくらでもあるのだ。ファンが興味を失えば、球団の価値は下がる。

阪急ブレーブス、近鉄バファローズ、横浜大洋ホエールズ、南海ホークス。

最近30年だけでも、これだけのチームが身売りされている。つまり、全体の3分の1もの球団の経営者が変わったのである。阪神電鉄を子会社化した旧阪急ホールディングスは例外としても、それだけプロ野球経営に関心がなくなった企業が多いのである。

だが、救世主が現れた。

カープの、そして野球のファンとしては、「カープ女子」をはじめとする新しい野球ファンの誕生である。うれしいかぎりだ。かつては、巨人戦の行われる球場、あるいは甲子園球場のタイガース戦以外、野球場のスタンドは閑古鳥が鳴くような状況ばかりだった。

しかし、いまでは各球場とも様変わりしている。どこの球場もホームチームのファンはもちろん、ビジターチームのファンも数多く球場に足を運び、熱狂的な応援ぶりである。

野球ばかりではない。サッカーのＪリーグの試合でも各チームのサポーターたちが、熱い応援を繰り広げている。

社会、政治への危機感

「あのパワーと情熱を少しでも、社会、政治に向けたら日本は変わるのに……」

あまりに唐突だが、私がそんなことをいったら、お叱りを受けるだろうか。

「無粋なことをいうな。スポーツはスポーツで楽しめばいい」

それもまた一理ある。

「国会周辺は騒がしいが、銀座や後楽園球場はいつも通りじゃないか。私は『声なき声』を大事にしたい」

1960年、ときの首相岸信介は日米安全保障条約締結に反対する多くの国民の動きに対して、そう語ったという。ここで日米安保条約について語るつもりはない。

だが、多くの日本人が野球に夢中になっている間に日本が間違った方向に舵を切るとしたら、いかにカープファンを自認する私としても黙ってはいられない。ましてや、広島は人類史上最悪の戦禍を経験した街である。

現在、政治の動向について、私はさまざまな危機感を抱く。

安保法制、経済政策、税法改定、教育問題、TPP問題など、さまざまな政治の動き、それに対する国民の反応に疑問の念を禁じえないのだ。そのどれもが格差を拡大し、放っておくとアメリカに有利には働くものばかりだ。まさに日本の球団が抱える問題と根は同じだ。

現在の政治に関して、どんな意見を持つかは自由だが、問題は国民の多くの無関心である。とりわけ、選挙の投票率の低さには失望する。棄権する権利もあるが、唯一の意志表示の機会を放棄するのはいかがなものだろうか。

「支持はしたくないが、かといって代わりに投票できる人がいない」

各選挙における得票率を見ても、現在の自民党が第一党でいられるのは、積極的な支持によってではないことは明白だ。今年5月に、あれだけ話題になった、大阪都構想の住民投票でさえそうだ。66・8％の投票率を記録したが、それでも3人に1人は投票していない。本当に怖いのは、そこなのである。

反対や批判ならいい。議論を戦わせればいい。だが、無関心だけはどうにもならない。大事なのは、どんな形であれ、関心を持ち続けることなのだ。関心を持つ人間なら社会を動かせる。

カープが教えてくれるのは、放っておくと地方や弱者が強者に伍することができないことと、トップが長いものに巻かれていては、その状況が少しも変わらないということだ。だから、政治にしても野球にしても、国民やファンが関心を持ち、盛り上げ、誰にもチャンスがあり、誰もが公正な競争を求めることが重要だと私は信じている。

第5章

ファンが誇るべき広島カープ！今後の課題は何か

HIROSHIMA TOYO CARP

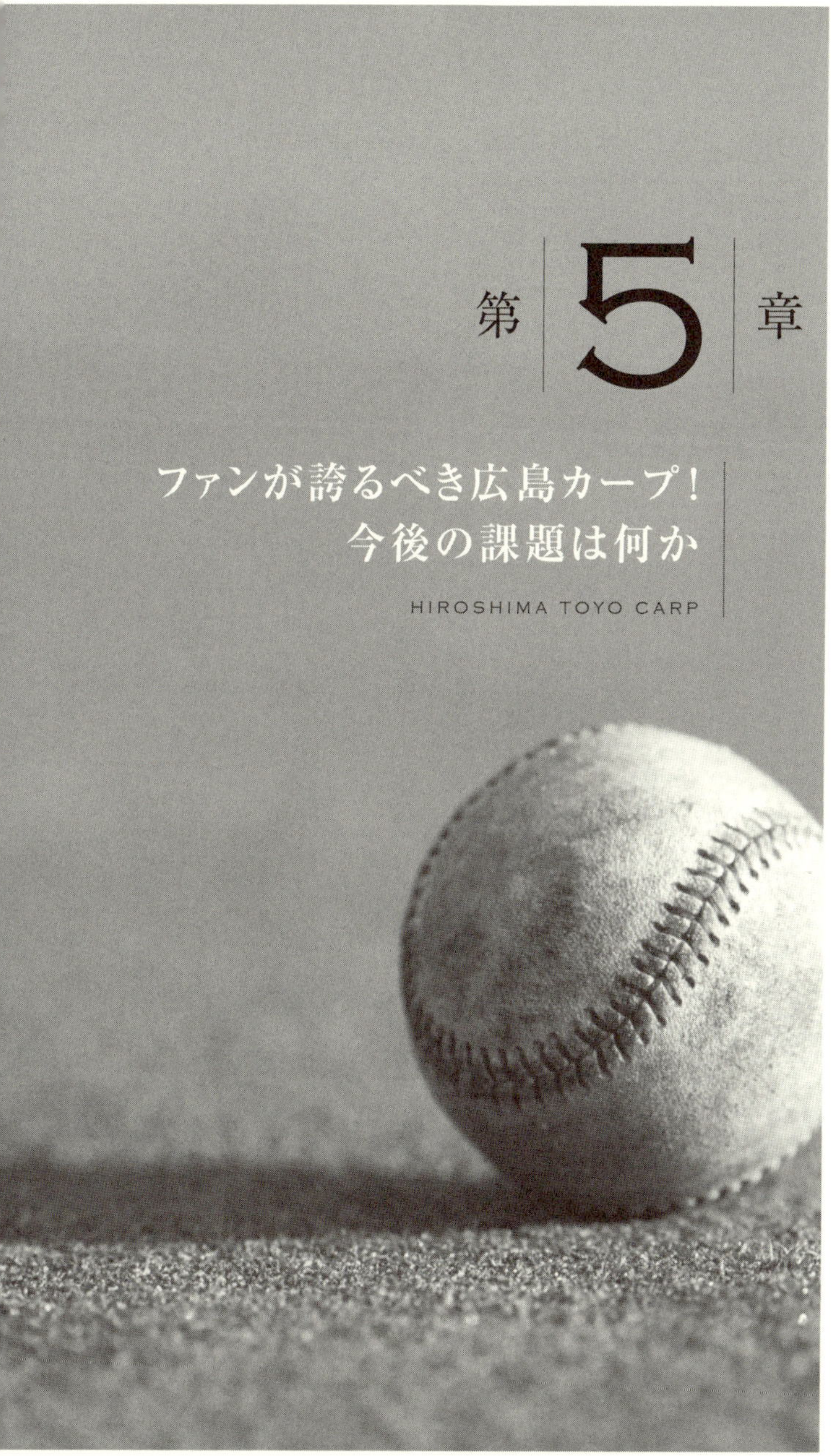

1 「地方の中小企業」カープが黒字を続ける理由

カープは親会社を持たない独立採算制の球団経営だ。潤沢な資金などあるわけがない。プロ野球の12球団を「企業」という観点で見れば、球団にとって他球団はすべて同業者。それは間違いのないことなのだが、企業規模から考えれば大手上場企業11社の中に、町の中小企業であるカープが1社入っているようなものだ。

野球チームとして戦うという点では、自チーム以外は競合他社であるが、球団経営という観点から考えると共存共栄の間柄ということになる。ホームチームのファンであるかビジターチームのファンであるかは関係なく、観客動員数が多ければ主催者＝ホームチームの収入は多くなる。東京ドームの対カープ戦に多数のカープファンが足を運べば、巨人にとってカープはライバルだが、チケットを購入してくれて、場内で飲食してくれて、グッズを買ってくれるカープファンはありがたい顧客ということになる。

球団がホームで使用する球場を所有しているかいないか、球場所有者とどんな契約をしているかによって、飲食収入、グッズ収入は大きく異なるが、いずれにせよホームのファンであれ、ビジターのファンであれ、チケット収入はホームの主催者の売上げである。

親会社の企業規模が大きいから観客がそれに比例して集まるわけでもないし、小さいからといって観客の数が少なくなるわけでもない。実際、独立採算制のカープを除く11球団のうち、観客動員数最上位の巨人の親会社は読売新聞グループ本社だが、親会社の企業規模でいえば、12球団中でも下位だ。

つまり、球団の売上げ、利益は企業規模に関係がない。単純にいえば「人気」があれば勝ち組になれるのである。その点から考えても、現在のカープは優良企業だ。

やや古い数字だが、２０１３年の決算でカープは１９７５年以来39年連続の黒字である。１９７５年といえば、カープファンなら忘れることはできない。カープが史上初めて日本一になった年である。それ以来、黒字を計上しているのだから、カープという企業は優良企業であることに間違いない。

その優良企業を支えているのが、カープの創意と工夫だ。

その原点はカープという球団の成り立ちにあるといっていい。

市民球団として誕生したカープはファンの「手弁当」で育ってきた。後援会を中心に募金活動を行い、遠征費用や運営資金を捻出するために球場に空の樽を置き、いわゆる『樽募金』で球団を支えた。その後も、何度も述べるように、選手の年俸を極力抑え、キャパシティの小さい球場ゆえにチケット収入にかぎりがある弱点を補ってなんとか黒字を維持してきた。

カープのアイディア商法はすごい！

そうした伝統を引き継ぎながら、マツダスタジアム完成後も、グッズの開発、販売にも創意と工夫を怠らなかった。Tシャツ、ユニフォーム、キャップなどにとどまらず、球団キャラクターの「カープ坊や」のイラスト入りの真っ赤な台車、キャップを模したゴルフヘッドカバーに至るまで、グッズのバリエーションは12球団随一といってもいい。

サヨナラ勝ちをしたゲームのハイライトシーンをTシャツにプリントし、１週間以内という猛スピードでファンが購入できる「イベントTシャツ」などは、大人気商品だ。

世界広しといえども、オフィシャルグッズとして、マンホールの蓋や工事現場にあるカラーコーンを販売してしまうプロ野球球団など、カープ以外にはないだろう。

観客動員のためのプランも見事だ。首都圏からのファンを呼び入れるために交通費は球団が負担する「弾丸バスツアー」は話題になった。全国で増え続けている「カープ女子」をターゲットに「新幹線ツアー」なども20倍近い倍率の大人気企画となっている。また、マツダスタジアムの座席のバリエーションはほかの球場を寄せつけないほど豊富だ。畳敷きのスペースさえある。球場内の新施設の建設や改修も精力的に行っている。

こうした創意と工夫が実を結んだ例は枚挙にいとまがないほどだ。

「できることはなんでもやる」

それがカープの経営スタイルだ。こうした創意と工夫によって成功を収めたグッズの開発、製造はもちろん、「カープ女子」をはじめとした県外からの新規の「顧客」が、地域の企業や商業施設に活況をもたらしていることは間違いない。

「地方が疲弊している」「中小企業には限界がある」という考え方にも一理ある。だが、そこで不満を口にし、立ち止まっていても問題は解決しない。

黒字経営を続ける「地方の中小企業」であるカープ。その創意と工夫に学ぶ点は多い。

2 終身雇用制、トヨタの経営、そしてカープ

2013年5月5日。長嶋茂雄さん、松井秀喜さんの国民栄誉賞受賞のセレモニーが東京ドームで行われた。

国民栄誉賞についてはともかく、アンチ巨人、カープファンである私もこの二人のプロ野球における貢献は大きなものだと素直に称賛したい。「バッター長嶋、ピッチャー松井、キャッチャー原」の始球式は巨人ファンにとってはたまらないものだったかもしれない。主審安倍首相も国民栄誉賞を贈る側なのだから、ご愛嬌かもしれない。

だが、安倍さんの「主審」なら笑ってすませるが、「首相」となると笑ってばかりはいられない。今日の政治のあり方を考えると、私は大きな危機感を抱く。

「戦後レジームからの脱却」

ことあるごとに安倍首相はこの言葉を発するが、私には理解できない。私は思う。戦後

の日本はそんなに間違っていたのだろうか、と。

安倍首相が進める安全保障政策は日本を戦争のできる国へと変貌させる危険性をはらんだものだと考える。これについては、ここでは詳述しない。

経済政策についても、首をかしげたくなる。

安倍政権が経済政策の拠りどころとする「トリクルダウン」なる言葉がある。「富める者が富めば、貧しい者にも自然に富が滴り落ちる」という経済理論だ。だが、多くの国民にとって滴り落ちてきているという実感はないだろう。それどころか、経済格差を広げ、弱者にはより厳しい生活を強い、金持ちだけがより潤う結果しかもたらしてはいない。そして「生活が苦しい」と回答する人が10ポイントも増えている。この株高のもと、異常事態としかいいようがない。

安倍政権は、黒田日銀総裁が掲げる「2％のインフレ目標」「無制限の量的緩和」「円高の是正」などを進めている。私はこうした流れに大きな疑問を抱いている。

円安誘導で輸出業の業績を好転させ、同時に株価が上昇すれば自動的に景気は回復するということらしい。たしかに輸出業は好調で、株価も上がった。だがその一方で、原料を海外から輸入し製品化する業種は、円安のあおりを受けて四苦八苦だ。とくに、国内向け製品の製造業を中心とした中小企業の多くは経営的破綻に瀕している。

また消費者もその被害を被っている。とくに原料を輸入に依存する加工食品は乳製品、食用油、小麦粉を使った食品をはじめ、値上げのオンパレードである。一部の企業、一部の業種では賃上げも実現しているが、全体的に見ればアベノミクスが成功しているとは到底いえない。

また「成果主義」の名の下、欧米型経営が脚光を浴びはじめている。安倍政権も「成果主義」を後押しする姿勢を鮮明に打ち出しているといっていい。

「戦後レジーム」はそんなに悪いか

だが、アベノミクスで大きな恩恵に浴している企業の代表であるトヨタは、こと経営スタイルに関しては、この成果主義の真逆のスタイルを堅持しているといっていい。旧来の日本的経営のお手本のような経営である。

本社のある愛知県豊田市周辺は、まさに「トヨタタウン」といってもいい。

住民のほとんどは、なんらかの形でトヨタグループに関わった仕事をしている。商店なども、トヨタの社員や家族が購買者であるという意味では同様だ。マイカー、商用車を含め走っているのは9割以上がトヨタ車。

トヨタ社員の住まいの所有にも会社がかかわる。会社の持ち家支援事業として立ち上げた、不動産会社『トヨタ住まいるライフ』である。系列会社のトヨタホームの家を販売する。また、役員、一般社員に関係なく生活をしているのも特徴だ。取締役の「お偉いさん」が普通の社員と同じ町に、そして同じような佇まいの家に住んでいるという。

「役員なのだから、もう少し広い家でも……」

外野からそんなヤジも飛んでくる。だが、耳を貸さない。トヨタで働くには、その立地や環境が理想だという。

また、親子代々トヨタで働いているという家族も多い。なおのこと、離れがたいという人も多いようだ。

こうした社員を大事にするシステムは、まさに日本的経営そのものともいえる。

かつては、生産効率第一で過酷な生産ラインで働く労働者の問題が指摘されたこともあるし、トヨタが天国だというつもりはない。だが、成果主義だけで社員を縛らないシステムが、そこには存在している。

戦後の復興期、高度経済成長を支えた「戦後レジーム」のよき象徴ともいえはしまいか。ちょっと話題が逸れた。

プロ野球選手は実力主義である。選手は、社員ではなく個人事業主である。トヨタのようなやり方をそのまま当てはめることはできない。だが、トヨタ方式とまではいわないが、カープには伝統的に選手を大切にする文化が生きている。

多くの選手の心理にもその文化は影響を与える。獲得してもらい、育ててもらったという恩義のようなものが芽生えるように思える。

球団の選手への愛、選手の球団への愛をファンも感じとっているのではないだろうか。少なくとも、成果主義だけで問答無用で選手を切り捨てるような土壌はない。日本式の企業経営で選手やファンの気持ちを引きつけているところがある。ある意味でカープの経営と選手との関係は「戦後レジーム」の一つかもしれない。

カープはじつにユニークな球団なのである。カープファンとしては、カープ以外に「トヨタ流球団」がなかったことを誇ってもいいような気がする。

3 カープにはこのまま「清貧」でいてほしい

「政治家に古典道徳の正直や清潔などという徳目を求めるのは、八百屋で魚をくれというのに等しい」

専業政治家でありながら、豪邸に住んでいた竹下登元首相の言葉である。いまテレビで活躍するタレントＤＡＩＧＯさんの祖父である。

同様に、プロ野球選手に対しても一般社会人に求められるような常識を一律に求めて、目くじらを立ててもはじまらないのかもしれない。たしかに、トップアスリートの中には、思わず首をかしげたくなるような言動の持ち主がいなくもない。だが、社会通念上の許容範囲なら、ご愛嬌と割り切るしかないだろう。

だが、ちょっと看過できない事件が報道された。

日本テレビのアナウンサー、上重聡さんである。報道によれば、ある企業の創業者から

1億7000万円ものお金を無利子で借り入れ、マンションの購入費に充てていたという。さらに2000万円以上ともいわれる高級外車をタダで借り受けていたという。

普通の社会人なら考えられない関係である。それを受け入れてしまう彼のモラル感覚はどうなっているのだろうか。

ましてや、彼は公正な報道が求められるテレビ局に籍を置く人間である。もし、アナウンサーとして社会の、とくにその会社の不祥事を伝える立場になったとき、どんな顔でニュース原稿を読み上げるのだろうか。

「ならぬものはならぬ」という矜持を持つ

ご存じのように、彼はかつての野球の名門のＰＬ学園出身である。エースとして甲子園で活躍し、敗れはしたものの、あの松坂大輔投手を擁する横浜高校と死闘を演じた。プロ野球界からも一目置かれる存在だった。立教大学に進学し、２年生のときに東京六大学秋季リーグで完全試合も達成している。プロ野球関係者との接点もあっただろう。やはり、ごく普通の大学生とは違った生活を送ったであろうことは想像に難くない。

かつて、一部のプロ野球球団が有力アマチュア選手へ「栄養費」の名目で金銭授与をしていたことが問題になった。食事に招待したり、お小遣いを渡したりすることが当たり前のように行われていた。

有力選手の親の事業への資金援助も取り沙汰された。数億円、人によっては10億円を超えるお金が動いたとも噂された。「栄養費問題」で当時明治大学野球部投手の一場靖弘選手に巨人から渡ったとされた200万円など、氷山の一角にすぎないのだろう。

当時の渡邉恒雄氏は、この責任をとって球団オーナーの職を辞した。

熱烈なカープファンである私の知人は、2004年、この「栄養費問題」が世間を騒がせたとき、こういったものだ。

「カープには、そんな金はない。カープは清貧のチームだ」

ちなみにカープが渡した栄養費は、交通費の2000円だけという噂だった。この額が清貧の名を汚すものかどうかはわからない。

上重さんが、実際にどんなアマチュア選手時代を送ったかは定かではないが、普通の大学生とはかなり異なった環境の中にいたのではなかろうか。そうでなければ、歪な金銭感覚は育たないはずだ。

「自分は特別な人間である」「優遇される資格を有している」「バレなければなにをしてもいい」。彼がそう考えたかどうかはわからない。だが、臆面もなく（少なくとも私にはそう見えるのだが……）いまだにカメラの前でにこやかに微笑んでいる姿を見ると、社会の公器たるテレビ局で働く人間としてのモラルの欠如を指摘されても仕方がないと感じる。

なんでも巨人が悪い、親会社の読売グループが悪い、系列の日本テレビが悪いというつもりはない。

だが、何度もいうように公正な報道が求められるテレビ局の社員が、一民間企業のオーナーから非常識な厚遇を受けていたことに対して、何のペナルティも課さないというのはいかがなものだろうか。もしかすると、上重さん本人は自責の念に駆られながらも、局の方針に従うしかないのかもしれないが……。

「無理が通れば、道理が引っ込む」

再三指摘しているように、読売グループ全体にそんな体質に似たものを感じるのは、私だけだろうか。

カープには、いつまでも貧しくても清潔なチームでいてほしい。どんな苦境にあっても「ならぬものはならぬ」という矜持だけは失ってほしくない。これは一般社会での生き方

にも共通するものだ。

カープに復帰した黒田選手、新井選手、あるいは衣笠祥雄さん、山本浩二さん、前田智徳さんをはじめとするカープ一筋を貫いた多くの人たちは、そんな「清貧」のカープを愛しているのではないだろうか。

4 安定した職場を持てる人は幸せだ

ここではカープという球団を雇用形態から考えてみる。ちょっと説明が長くなる。

『10億3500万円』

どこかのメジャーリーガーの年俸ではない。日産自動車の社長兼最高経営責任者、カルロス・ゴーン氏が手にした2014年度の役員報酬だという。

カープ復帰のために黒田投手が袖にした年俸提示額ほどではないが、巨額である。ゴーン氏だけでなく、近年は1億円を超える報酬を手にする日本企業の役員が増えてきた。多くはオーナー役員だというが、欧米型経営を採用した企業の外国人社長、役員の増加もその一因になっている。業績が上がれば報酬も増え、下がれば当然、厳しく責任を問われる。

欧米型企業経営は着実に、日本の雇用制度に変化をもたらしている。もっとも、日産自動車社員の給与は、年功序列で、勤続年数が長くなるほど、給与は上がっていく形のようだ。一般従業員には、古くからある日本企業の雇用体系が守られているようである。

年功序列の終身雇用制度は、ある意味、会社が社員に対して行う借金の返済といえなくもない。どういうことかといえば、会社は、社員が若く、会社への貢献度が高い時期に本来得るべき労働賃金を一部未払いにしているということだ。支払方法は先々の分割払い。大卒の社員なら60歳までの38年ローンだ。若い頃の金利は低く、歳を重ねるにつれて金利が上昇するのである。

社員の側にもメリットはある。一度入社すれば、原則、定年を迎えるまでの終身雇用。よほどの不祥事でも起こさない限り、定年退職まで給料が保証される。生活設計も成り立つ。家庭も築ける。子供を安心して大学まで行かせられる。長期ローンでマイホームを購入することも可能である。中高年になると生活習慣病を抱えがちだが、その医療費の自己負担にも十分耐えられる。

ところが、近年はこうした雇用制度を否定する動きが活発だ。実力主義とばかりに、給与、役職体系を見直している企業が相次いでいる。そうした経営者側の動きに対して、とりわけ稼ぎ頭になっている中堅クラスの社員は支持する数が多いという。

「会社を支えている自分たちよりも、たいして働きもしない年長社員が、高い給料をもらっているのはおかしい」

というのだ。果たしてそうだろうか。

年長者は若い頃から、これまで同じように安い給料で長く会社を支えてきたのである。いま彼らが手にする給料は、当時の未払い分が上乗せされたものにすぎない。年功序列制度はそういうシステムなのだ。

それが上手く機能し、代替わりしてきたからこそ日本は、世界最高水準の「国民総中流家庭社会」を築きあげることができたのである。ついでにいえば、将来得られる所得をふいにしたくないから、社員は悪事や不正を働かない。これが会社の秩序だけでなく、社会の秩序を維持してきたともいえる。

欧米型の実力主義は、富の一極集中化を招く。富める者は莫大な資産を手にすることができる。だが、その社会は非常に冷たい。「社員は使い捨てでいい。労働対価はつねに支払われている」である。これでは、そうでなくても少子化社会なのに、安心して結婚もできないからその傾向に歯止めはかからない。実際、男性の生涯未婚率は20％を超えたのである。

カープという「職場」の快適さ

プロ野球の経営というのも、基本的にはこれに近い。

立場上、選手はあくまでも個人事業主。成績が良ければ給料も上がるが、悪ければ簡単に契約を解除される。移籍も可能だが、かぎられた選手でなければ自由はない。

その中にあってカープは、古き良き日本式の企業経営をする数少ない球団である。確かに入団3年以内の若手に対する見切りは早い。だが、それはプロでやれる見込みがないと判断した場合のこと。今後の人生設計を考慮し、早めに戦力外通告を出しているためである。逆に大学、社会人出身選手や故障選手などは、年俸こそ安いものの、比較的長く契約をしている。付け加えると、引退後の職員や裏方としての採用でも、優遇しているところがある。

終身雇用とまではいかないが、ある程度の雇用が約束されるから、選手もスタッフも安心して働くことができる。選手やスタッフも、業績アップのために働く。愛社精神も芽生える。古き良き日本的経営が健在なのである。

ベンチャーをはじめ、欧米型成果主義の経営をしている企業は、社員との信頼関係や愛社精神は希薄だ。一度会社を離れた社員が、戻ることはない。メジャー帰りの日本人選手のほとんどが、所属していたチームには戻らず、別のチームと契約してしまうのと似ている。だが、カープは違った。何度もいうように黒田投手、新井選手がそうだ。

彼らはお金ではなく、自分を育ててくれた場所、守ってくれる場所を選んだ。カープのような職場なら、一時の高額なサラリーには代えがたい価値がある。

5 天然芝、土の上の野球をいつまでも！

今年の6月、カナダで行われたサッカーのＦＩＦＡ女子ワールドカップを観戦していたときのことだった。日本代表の試合はいずれも僅差。どちらが勝ってもおかしくないものばかり。「熱戦」というよりは「激戦」といった中身の濃い試合をしていた。

本当に素晴らしい試合をしていたと思う。

だが、なにかが違う。

どうもボールのタッチが軽く見えてしまうのだ。

「そういうことか……」

ほどなく、違和感がグラウンドからきていることに気付いた。このワールドカップで使われている競技場のフィールドは、すべてが人工芝だったのである。

１９６５年に、世界最初のドーム球場となるアストロドーム（アメリカ・ヒューストン）で採用されて以来、人工芝はアメリカを中心に多くのスタジアムで採用された。日本では1976年に後楽園球場が導入。天然芝に比べ、メンテナンスが簡単なこと。水はけがいいので、雨天の影響を受けにくいこと。そして見た目の新鮮さ。アメリカでのブームもあり、日本でも、多くのスタジアムが、天然芝から人工芝へと、張り替えられていった。

今日では、天然芝のスタジアムを本拠地にしているのは、カープとタイガース（オリックスは人工芝の「京セラドーム」と天然芝の「ほっともっとフィールド神戸」との併用）だけである。

天候の影響を受けにくく、維持費が節約できる人工芝。だが、選手の足、腰への負担が大きいこと。摩擦による火傷など、天然芝では考えられないケガにつながるなど、弊害も多い。芝丈を長くしたり、砂を補充したりと改良されてはいるが……。

「しょせん、人工芝は人工芝」

東京ドームの人工芝を、より天然芝に近い最新のものに取り換えた際に、松井秀喜選手がいった台詞である。松井さんはその後、海外FA権を行使し、ニューヨーク・ヤンキースに入団した。本拠地ヤンキースタジアムは、土と天然芝である。

綺麗に敷かれた人工芝。空調が整った屋根付きの屋内球場でのゲーム。汗もかかなければ、ユニフォームも試合終了まで、ほとんど汚れることがない。

「スーツでもできる野球」

土のグラウンドといえば甲子園球場。高校野球があれだけ人気なのは、ユニフォームを真っ黒にしながら、少し黒ずんだボールを追いかけている選手の姿に胸が熱くなるからだ。負ければ終わり。一戦一戦に全力投球。そういう姿に心を奪われる。

そんな土のグラウンドで毎試合、泥だらけになっているのが、カープの選手たちである。彼らはよく飛びつく、滑る、走る。

菊池選手や田中選手など、内野手の多くは、いつも真っ黒になってプレーをしている。そういうプレーを観るのは、やはり気持ちがいい。ユニフォームを見るだけで、ひたむきさ、真剣さが伝わってくる。

ファン、消費者は何を求めているか

これもカープファンが増えている要因だろう。やはり頑張っている人は、誰もが応援したくなるものだ。汗水流して、泥だらけになって働く姿に感動するのだ。

誤解してほしくない。他のチームの選手がひたむきではないとか、努力をしていないといっているのではない。カープの選手同様にプレーしている。だが、人工芝グラウンドという舞台が、平凡なプレーに変えてしまっているのだ。本当にもったいないことである。

アメリカでは、ドーム球場であったり、気候的に耐えられなかったりするスタジアム以外は、再び、天然芝に戻している。やはり作り物ではなく、本物のベースボールを求めているからだろう。日本だって同じはずだ。経費削減ばかりを優先していては、ファンはついてこない。もっと、プレーをする選手、そして、観に来るファンのことを考えるべきなのだ。野球場でグッズを配ったり、プレゼントをしたりするだけがファンサービスではない。いいプレー、楽しいゲーム。選手が実力を発揮できる環境を作る。

球団は、なにが本当に求められているかを、もう一度考え直してみるべきである。そもそも、球団経営だけでなく、創意工夫が企業の命だ。消費者を置き去りにした商品が量産され、売れないのは、消費者のニーズを理解していないからである。

消費者、ファンが求めているものは、じつは意外にシンプルであることも多い。そこに気が付けるか、速やかに対応できるか。それが、これから生き残る企業の条件だ。

6　いま、カープのオーナーがやるべきこと

私のカープファン歴は40年以上だ。別当薫さんが監督に就任した1973年からカープを応援している。現役選手時代もそうだったようだが、別当さんはプロ野球監督らしからぬ知的な雰囲気を漂わせ「球界の紳士」と呼ばれた。ダンディで物静かな佇まいの監督だった。それが、少年だった私にはとてもカッコよく感じられた。

選手としては、阪神タイガースの前身「大阪タイガース」、千葉ロッテマリーンズの前身「毎日オリオンズ」「毎日大映オリオンズ」で10年間活躍。文字通り走攻守3拍子揃った選手で「3割30本塁打30盗塁」をパリーグ史上はじめて記録している。わずかだが、投手としてマウンドに立ったこともある。

監督としては、毎日オリオンズ（大毎）近鉄バファローズ、大洋ホエールズ（現横浜DeNA）、広島、そして最後も大洋と、各チームの監督として通算20シーズンにわたって

采配を振るった。優勝に導くことはなかったものの、毎日時代の山内一弘選手、榎本喜八選手、近鉄時代の土井正博選手、大洋時代の松原誠選手など、選手の素質を見抜く目、育成力は超一流だった。チームの土台作りに力を発揮した監督だ。

2年後、その土台作りの成果が表れる。

ファンになって3シーズン目の1975年、シーズン序盤でルーツ監督から引き継いだ古葉竹織監督のもと、チームはリーグ初優勝をする。その後、私はファンとして1979年の日本一をはじめ、80年代のカープ黄金時代を経験した。

だが、1986年、1991年のリーグ優勝こそあるものの、1984年の日本一を最後にチームは低迷。多くのファンはこの間、じつに歯痒い思いで過ごしている。筋金入りのカープファンを自認する私もまた同様だ。

私は思う。その低迷の要因は松田元オーナーの経営方針の過ちにある、と。

球団を私物化している

「カープは大好きだが、オーナーにはいいたいことが山ほどある」

ひと言でいえばこれだ。私のところにも、カープファンだという人から手紙やメッセージが届くのだが、オーナーに対して批判的な意見が多数を占める。

私も自らのブログをはじめ、至るところでかなり辛辣な意見を述べている。

まず、行き過ぎた選手の年俸抑制である。マツダスタジアム開場以来、球団の収入も大幅に増加した。だが他球団に比べて、選手の年俸、戦力補強への投資は相変わらずである。とくに既存選手の年俸に関していえば、他球団の同レベルの選手のそれと比較してみれば、一目瞭然だ。

カープ女子をはじめ、ファンが急増してきた昨今は、昔に比べれば選手への還元は増えたという声もある。だが、補強が必要だった時期、その原資もあるという時期も、手をこまねいていた。どうしても不思議なのは、マツダスタジアムオープン元年2009年の収支だ。前年比、およそ46億円の売り上げアップがあったにもかかわらず、純利益はわずか1億8000万円しか増えていない。一方で2010年2月発売の『プレイボーイ』誌には、松田オーナーの年俸が6億円という疑惑が報じられている。選手にロクな年俸を払わず、ロクな補強もせずに、オーナーだけが高額年俸を得ていたとすれば、怒りを覚えているファンも多いはずだ。だから、これが事実でないなら、松田オーナーは名誉棄損も含めて法的処置をとるべきだろう。それをしなかったということは、事実に近いはずだと私は考える。

そして、もっと利益をあげている現在、いくら年俸を得ているか真偽のほどはわからない。実は、カープというチームは市民球団と思われているが、松田家とカープの子会社であるカルピオだけで、株式の60％を握り（残りのほとんどはマツダが所有）、財務内容もほとんど公開されていない。

選手に優しく、引退後のポスト準備など「選手総中流化」路線については、基本的には評価するものの、経営状態から考えて、戦力補強を含めて選手への投資額があまりにも少なすぎる。ＦＡで選手が他球団に移籍するのを、金儲けにしているという話もある。要するに、経営方針は日本的だが、経営陣の破格の年俸などはまさにアメリカ企業なのである。これでは、選手のモチベーションは下がる一方だ。ファンとて、同様だろう。

さらに、他の項で何度も述べてきたが、巨人追随の方針も理解に苦しむ。

さらに問題なのは、過度の現場介入だ。

かつて開幕直前のファンイベント開催に選手会長の高橋慶彦さんが異議を唱えたときの対応。

開幕2日前のファンイベント開催への異議は、ファン軽視ではない。勝つことがファンの応援に応えることであり、選手にとってはその阻害要因でしかない。そんな選手の総意を汲んだ高橋さんの正当な意見にも耳を貸さなかった。一方的に高橋さんを反乱分子に仕立て上げた。結果、チームに多大な貢献を果たし、ファンにも親しまれていた高橋選手を2年後、ロッテオリオンズに放出してしまった。

金本さんのFAの時もそうだ。宣言残留は一切認めないと突っぱねた。戦力ダウンは承知の上で引き止めることもなく、タイガースに移籍させてしまった。巨人主導の制度導入に意を唱えることもなかった人間が、その制度を行使しようとした選手を切り捨てたのである。

ともに個人的な感情からといっていい。そこには、功労者に報いるというカープ伝統の良きメンタリティはない。先代オーナー時代にはなかったことだ。私自身、先代の松田耕平さんの人間性、経営手腕は高く評価している。だが、世襲によって現オーナーに引き継いだことだけは失敗だったと思う。

松田元オーナーのおかげで、私は世襲制度が、どれだけ多くの危険をはらんだものかを思い知った。企業は社会的存在であって、株主やオーナーの私有物ではない。それなりの

資質を備えた人材へのバトンタッチならいい。だが、現在のカープの経営を見るかぎり、世襲の問題点が顕著だ。

同じ自動車メーカーだが、本田技研工業の創業者本田宗一郎さんは社会的存在としての企業という認識が明確だった。

本田さんは「会社は個人の持ち物ではない」とし、身内を会社の中枢に据えることはなかった。生涯の過ちとして、こう述べている。

「本田という名前を社名にしてしまったこと」

一方、トヨタ自動車は創業家出身者が現社長だが、2兆円以上の利益を出しながら、年俸は2億円（2年前までは1億3千万円）である。日産自動車のカルロス・ゴーン氏の5分の1、2010年に松田元オーナーが球団から得ていたとされる6億円の年俸の3分の1である。（それでも昔のトヨタ社長を比べるとはるかに多いが……）良き家族的経営とはそういうものだろう。だからこそ、優秀な技術者がヘッドハンティングされてもトヨタを辞めないのだろう。

現オーナーは、カープ人気、業績好調の上に胡坐をかいているだけでいいのだろうか。オーナーに対するファンの不快指数は毎年100％だ。市民球団を名乗りながら、市民に一切経営情報を公開しないことを含め（せめて、これだけはしてほしい。そうでないと、噂の域を出ないが、いままでは年俸10億円ともいわれる破格の待遇説を否定できないだろう）猛省を促したいと願うのは、私だけではないはずだ。